미리 배우는 교과서 어휘

한 컷 초등 사회 사전

손주현 글 | 나인완 그림

휴먼어린이

초대하는 글

　어린이들의 사회 참고서를 보다가 한편에 빼곡히 실려 있는 어휘 풀이가 눈에 띄었어요. 사회 과목을 공부해 보면 낯선 용어들이 참 많이 등장하지요. 사실 이 어휘들의 뜻을 먼저 알아야 내용을 제대로 이해할 수 있어요. 하지만 대부분의 참고서는 딱딱한 정의만 나와 있을 뿐, 그 말을 언제 어떻게 사용해야 하는지는 자세히 알려 주지 않더라고요. 정해진 뜻만 읽고서는 의미를 정확히 파악하기가 어렵고, 오래도록 기억하기도 쉽지 않지요.

　사회 공부를 할 때, 더 나아가 세상의 소식을 듣거나 이야기를 할 때 만나게 되는 새로운 단어를 제대로 공부할 수 있는 책을 만들고 싶다는 생각이 들었어요. 글자 자체의 정해진 뜻만을 알려 주기보다는 사회 과목에서 이 단어를 사용할 때의 앞뒤 맥락을 자세히 풀어놓고, 재미있는 한 컷 그림으로 표현하여 확실히 기억에 남을 수 있는 책이면 더 좋겠다 싶었지요. 그런 생각들을 모으고 다듬어 이 책을 만들었어요.

　이 책에 나오는 단어는 국어사전이나 백과사전, 지식사전에 실린 다양한 풀이 중에서 초등 사회 교과서에 중점을

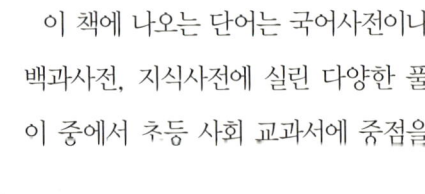

맞추어 그 뜻을 알기 쉽게 풀어 주었어요. 사회 과목을 공부하면서 모르는 단어를 만났을 때 찾아봐도 좋고, 책을 읽듯 처음부터 하나씩 어휘를 익혀도 좋아요. 해당 어휘뿐만 아니라 그와 뜻이 비슷한 단어들을 더 찾아보거나 책에 나오는 한 컷 그림보다 더 재미난 상황을 직접 만들어 봐도 좋습니다. 책에서 익힌 어휘들을 일상생활에서 자주 사용하다 보면 어느덧 여러분의 생각이 놀랍도록 넓어진 걸 느낄 거예요.

　저는 이 책이 사회 공부를 돕는 용도로 끝나지 않고, 세상에 대한 새로운 소식과 상황을 만날 때마다 다시 찾게 되는 책이 되었으면 좋겠어요. 친구들과 이야기하거나 자신의 주장을 펼칠 때 필요한 단어들을 찾기 위해 이 책을 열어 봐도 좋고요. 세상에 관한 단어를 많이 안다는 것은 세상을 더 알차게 사는 첫걸음입니다. 그 걸음에 이 사전이 유용한 도구가 되길 바랍니다.

손주현

책의 특징과 활용법

《한 컷 초등 사회 사전》과 함께
사회 공부의 기초를 탄탄히 다져요!

① 한 쪽에 한 단어씩 꼭 필요한 내용만 알차게 담았어요.

② 지리 사회·문화 정치 경제 역사
필수 사회 어휘를 다섯 가지 분야로 나누었어요.

③ 친절한 설명과 재미있는 한 컷 그림으로 사회 용어를 즐겁게 익힐 수 있어요.

④ 부가 정보 코너를 통해 어휘력을 키우고 헷갈리는 사회 개념을 정리할 수 있어요.

일러두기

- 이 책의 표기법은 국립국어원의 한글 맞춤법과 표준어 규정을 따랐습니다.
- 초등학교 교과서에 나오는 어휘 중에서 꼭 알아야 할 사회 용어를 선별하여 담았습니다.
- 표제어는 각 분야별로 가나다순으로 배열하였습니다.
- [찾아보기]는 책에 실린 총 350여 개의 어휘를 가나다순으로 정리하여 궁금한 내용을 손쉽게 찾아볼 수 있도록 구성했습니다.

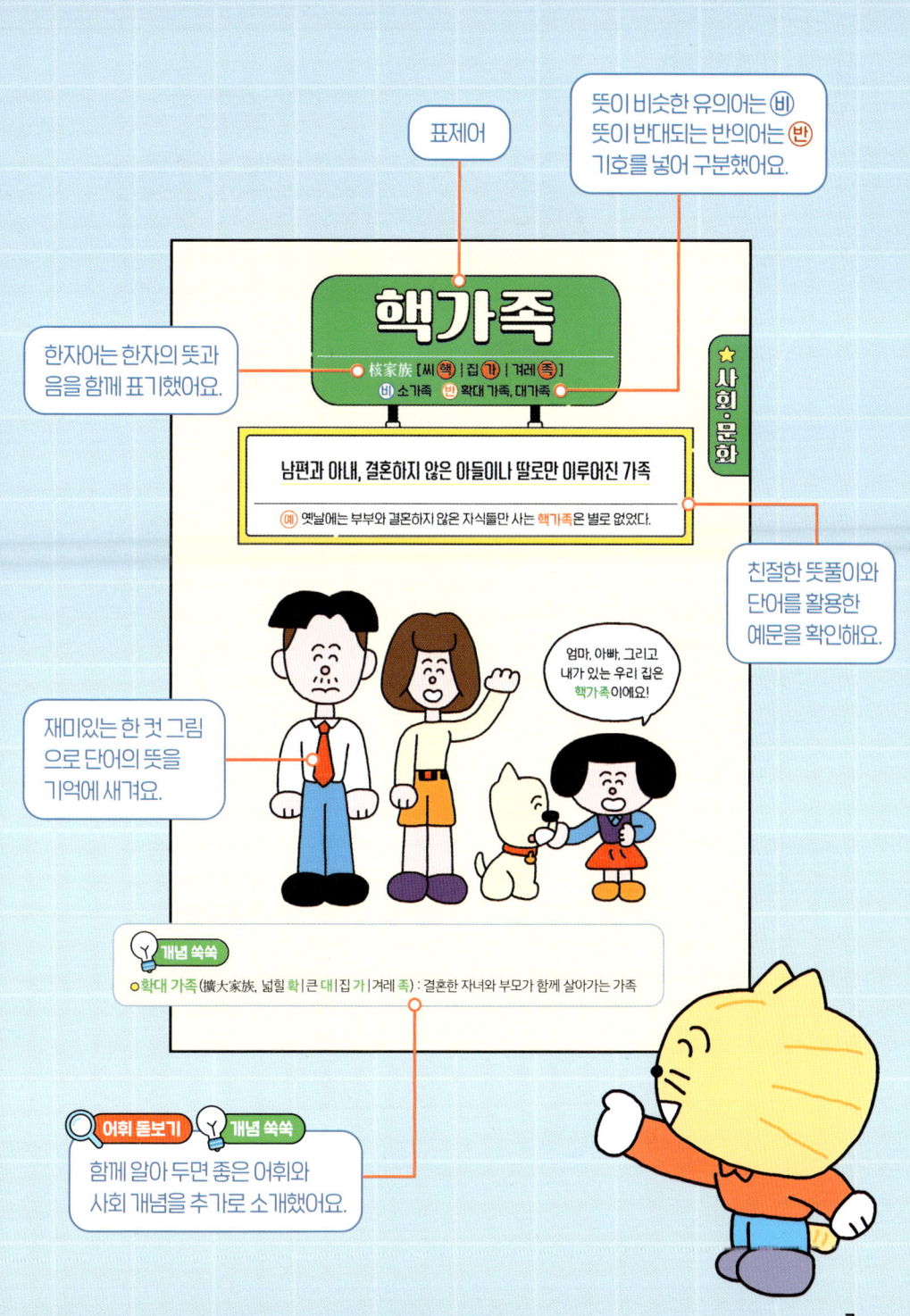

초대하는 글 — 4
책의 특징과 활용법 — 6

지리

간척 12 | 강수량 13 | 갯벌 14 | 건기 15 | 경선 16 | 곡창 지대 17 | 교통 18 | 국토 19 | 극지방 20
기호 21 | 기후 22 | 농경지 23 | 답사 24 | 대나무 25 | 내륙 26 | 등고선 27 | 매립지 28 | 빈도 29
방위 30 | 백지도 31 | 본초 자오선 32 | 산맥 33 | 생활권 34 | 안내도 35 | 영토 36 | 인구분포도 37
인문 환경 38 | 자연재해 39 | 적도 40 | 제설 41 | 중심지 42 | 중위도 43 | 지명 44 | 지방 45
지표면 46 | 지형 47 | 집중 호우 48 | 축척 49 | 침엽수 50 | 터전 51 | 평야 52 | 하류 53 | 하천 54
한반도 55 | 항로 56 | 해안선 57 | 해양 58 | 화전 농업 59

사회·문화

가구 62 | 개방 63 | 견제 64 | 공모 65 | 공포 66 | 교류 67 | 귀촌 68 | 기아 69 | 다변화 70
대중 매체 71 | 도덕 72 | 문화 73 | 문화유산 74 | 밀집 75 | 보장 76 | 복지 77 | 분포 78 | 빈곤 79
사례 80 | 상호 의존 81 | 세계화 82 | 세시 풍속 83 | 여가 생활 84 | 유네스코 85 | 유포 86
의사 결정 87 | 의식주 88 | 인구 89 | 인명 90 | 사배설언 91 | 징러 92 | 저직물 93 | 지출산 94
정보화 95 | 조직 96 | 종사 97 | 지속 98 | 집중 99 | 차별 100 | 처벌 101 | 초고령 102 | 촌락 103
침해 104 | 캠페인 105 | 특보 106 | 편견 107 | 한류 108 | 핵가족 109 | 협약 110 | 확산 111

정치

가결 114 | 간선제 115 | 갈등 116 | 감사 117 | 공공기관 118 | 공소 119 | 공청회 120 | 국무 회의 121
국민 투표 122 | 권한 123 | 기본권 124 | 난민 125 | 납세 126 | 내전 127 | 다수결 원칙 128
단속 129 | 대정부 질문 130 | 독재 131 | 망명 132 | 민간단체 133 | 발의 134 | 배상 135
보통 선거 136 | 분쟁 137 | 비무장 지대 138 | 삼권 분립 139 | 선출 140 | 선포 141 | 소송 142
소환 143 | 심의 144 | 영유권 145 | 위반 146 | 유발 147 | 유신 148 | 이의 149 | 인권 150
인도 151 | 자치 152 | 재의 153 | 제재 154 | 제청 155 | 조례 156 | 조정 157 | 존엄 158 | 준수 159
지역감정 160 | 타협 161 | 퇴치 162 | 헌법 163 | 혁명 164 | 혐의 165

경제

가계 168 | 거래 169 | 경공업 170 | 공급 171 | 노동력 172 | 대가 173 | 매출 174 | 물류 175
부동산 176 | 비용 177 | 산업 178 | 상표 179 | 생계 180 | 생산 181 | 소득 182 | 수출 183 | 실업 184
예산 185 | 외환 186 | 욕구 187 | 원산지 188 | 이윤 189 | 인력 시장 190 | 자본 191 | 적정 가격 192
주식 193 | 중화학 공업 194 | 품질 195 | 한정 196 | 희소성 197

역사

강화 200 | 개항 201 | 개화 202 | 계몽 운동 203 | 고분 204 | 관료 205 | 국권 206 | 국서 207
권문세족 208 | 대장경 209 | 대첩 210 | 동맹 211 | 등재 212 | 만행 213 | 명분 214 | 무인 215
번영 216 | 병합 217 | 봉수 218 | 붕당 219 | 사대 220 | 서얼 221 | 세도 정치 222 | 수령 223
수탈 224 | 시위 225 | 시해 226 | 식민지 227 | 신공 228 | 약탈 229 | 양반 230 | 연표 231
왕조 232 | 외척 233 | 유교 234 | 유목 민족 235 | 유민 236 | 의거 237 | 장악 238 | 정변 239
조항 240 | 주모자 241 | 중립 242 | 즉위 243 | 참전 244 | 체결 245 | 출토 246 | 칙령 247
탄압 248 | 통상 249 | 편찬 250 | 함락 251 | 해산 252 | 호족 253

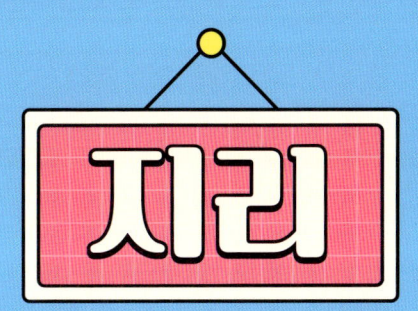

간척

干拓 [막을 간 | 넓힐 척]

바다나 호수를 막아 둑을 쌓은 뒤 물을 빼내거나 흙을 채워 육지로 만드는 일

예) 아무 데나 간척 사업을 벌이면 이동하는 철새를 방해할 수 있다.

어휘 돋보기

○ **간척지**(干拓地, 막을 간|넓힐 척|땅 지) : 간척을 해서 만든 땅

강수량

降水量 [내릴 강 | 물 수 | 헤아릴 량]

어떤 곳에 일정한 기간 동안 내린 눈, 비 등 물의 총량

예 강수량이 적으면 마실 물이 부족해진다.

너는 여기만 오면 강수량이 많아지니.

🔍 어휘 돋보기

- 강우량(降雨量, 내릴 강 | 비 우 | 헤아릴 량) : 어떤 곳에 일정한 기간 동안 내린 비의 양
- 강설량(降雪量, 내릴 강 | 눈 설 | 헤아릴 량) : 어떤 곳에 일정한 기간 동안 내린 눈의 양

갯벌

비 개펄, 펄

바닷물이 드나드는 넓고 평평한 땅

예 드넓은 갯벌은 철새의 보금자리이다.

건기

乾期 [마를 건 | 기약할 기]
반 우기

비가 오지 않아 메마른 기간

예 건기가 계속되자 나무들이 점점 죽어 갔다.

🔍 **어휘 돋보기**

● 우기(雨期, 비 우|기약할 기) : 비가 자수 와서 죽죽한 기간

경선

經線 [날 경 | 줄 선]

지구 표면에서 북쪽과 남쪽을 잇는 가상의 세로선

예) 지구본에는 경선과 위선이 표시되어 있다.

어휘 돋보기
- **위선** (緯線, 씨 위 | 줄 선) : 적도에 평행하게 지구의 표면과 만나는 가상의 가로선
- **경도** (經度, 날 경 | 정도 도) : 본초 자오선을 기준으로 동쪽 또는 서쪽으로 얼마나 떨어져 있는지를 나타내는 값

곡창 지대

穀倉地帶 [곡식 **곡** | 곳집 **창** | 땅 **지** | 띠 **대**]

쌀, 보리 등 곡식이 많이 나오는 지역

예) **곡창 지대**에서 나온 곡식들이 항구를 통해 실려 나갔다.

교통

交通 [사귈 교 | 통할 통]

자동차, 기차, 비행기 등의 탈것을 이용하여 사람이나 물건이 한 지역에서 다른 지역으로 옮겨 가는 일

예 이곳은 다니는 버스가 별로 없어 교통이 불편하다.

💡 개념 쑥쑥

- 교통수단 : 자동차, 비행기, 자전거 등 사람이나 물건이 오갈 때 쓰는 도구
- 교통 정보 : 사고, 공사처럼 교통에 영향을 주는 여러 가지 이유를 알려 주는 것
- 교통 혼잡 : 탈것들이 많거나 얽혀서 오가는 속도가 느려지거나 막히는 상태

국토

國土 [나라 국 | 흙 토]

나라의 땅

예) 세계에서 국토가 가장 넓은 나라는 러시아이다.

어휘 돋보기

◦ 영토(領土, 거느릴 영 | 흙 토) : 한 나라가 다스릴 수 있는 힘이 미치는 땅

극지방
極地方 [다할 극 | 땅 지 | 모 방]

지구의 남극과 북극을 중심으로 한, 그 주변 지역

예 **극지방**이 일 년 내내 춥다면 적도 지방은 일 년 내내 무덥다.

추운 극지방 가는 거 맞아?

극지방도 여름은 있을 거 아니에요.

💡 개념 쏙쏙

● **적도 지방** : 지구의 중심을 지나는 가로선인 적도 근처에 위치한 지역

기호

記號 [기록할 기 | 부르짖을 호]

어떠한 뜻을 나타내거나 사물을 가리키기 위해 사용하는 부호나 그림, 문자를 이르는 말

(예) 서로 약속한 기호를 사용하면 글자로 나타내는 것보다 알아보기가 쉽다.

- 범례 · 지도에 사용된 기호와 그 뜻을 정리한 내용

기후

氣候 [기운 기 | 기후 후]

여러 해 동안 나타난 기온, 비, 눈, 바람 등의 평균적인 상태

예) 환절기에는 기후 변화가 심하다.

🔍 어휘 돋보기

- **기상**(氣象, 기운 기|모양 상) : 바람, 구름, 비, 눈 등 공기 중에 일어나는 모든 현상
- **기온**(氣溫, 기운 기|따뜻할 온) : 공기의 온도

★ 지리

농경지

農耕地 [농사 농 | 밭갈 경 | 땅 지]
비 경작지, 농토, 농지

농작물을 심고 가꾸는 땅

예 바다를 간척해서 벼를 심을 농경지를 만들었다.

지난달에 심은 상추가 제 농경지에서 잘 자라고 있어요!

농사꾼이 다 됐는걸?

🔍 어휘 돋보기

○ **농작물**(農作物, 농사 농 | 지을 작 | 물건 물) : 논밭에 심어 가꾸는 곡식이나 채소

답사

踏査 [밟을 답 | 조사할 사]

어떤 일이 일어났거나 일어나고 있는 곳에 직접 찾아가 조사함

예) 수학여행을 준비하기 위해 선생님들께서 미리 현장을 답사했다.

> 답사하는 건 좋은데 네가 증거를 지우고 있는 것 같은데?

> 범인을 잡으려면 답사가 필수지.

어휘 돋보기

- 탐사 (探査, 찾을 탐 | 조사할 사) : 알려지지 않은 것을 찾아 샅샅이 조사함
- 조사 (調査, 고를 조 | 조사할 사) : 사물이나 장소에 대해 자세히 알아봄

대기

大氣 [큰 **대** | 기운 **기**]
비 공기

천체의 겉면을 둘러싸고 있는 기체

예 미세 먼지가 불어와 대기 상태가 매우 나쁘다.

🔍 어휘 돋보기

- **공기**(空氣, 빌 **공** | 기운 **기**) : 대기의 아랫부분으로 산소, 질소 등으로 이루어진 기체
- **천체**(天體, 하늘 **천** | 몸 **체**) : 행성, 위성, 항성 등 우주 공간에 떠 있는 모든 물체

대륙

大陸 [큰 대 | 뭍 륙]

바다로 둘러싸인 크고 넓은 땅

㉠ 우리나라는 아시아 대륙에 속해 있다.

개념 쏙쏙

- **대륙**(大陸) : 특별히 크고 넓은 땅 ㉠아시아, 유럽, 북아메리카, 남아메리카, 아프리카, 오세아니아, 남극
- **대양**(大洋, 큰 대 | 바다 양) : 특별히 크고 넓은 바다 ㉠태평양, 대서양, 인도양, 북빙양, 남빙양

등고선

等高線 [같을 등 | 높을 고 | 줄 선]

땅의 높낮이를 나타내기 위해 높이가 같은 곳을 연결한 선

㉠ 지도의 등고선 간격이 좁을수록 경사가 갑자기 급해진다는 뜻이다.

이 지도의 등고선에 따르면 여긴 평평한 곳이어야 하는데….

🔍 어휘 돋보기

• 등온선(等溫線, 같을 등 | 따뜻할 온 | 줄 선) · 온도가 같은 곳을 이은 선

매립장

埋立場 [묻을 매 | 설 립 | 마당 장]

쓰레기나 못 쓰는 물건을 땅속에 파묻는 곳

예) 주민들은 마을에 쓰레기 매립장이 생기는 것을 반대하고 있다.

여기가 예전에 쓰레기 매립장이었대.

그럼 땅속에서 보물을 발견할 수도 있지 않을까?

반도

牛島 [반**반** | 섬**도**]

삼면은 바다로 둘러싸이고 한 면만 육지에 연결된 땅

예) 우리나라는 반도라서 물고기나 조개 등을 쉽게 구할 수 있다.

- 섬 : 모든 면이 바다로 둘러씨인 땅

동쪽·서쪽·남쪽·북쪽을 기준으로 하여 나타내는 어느 곳의 위치

예 나침반은 방위를 알려 주는 도구이다.

🔍 어휘 돋보기

- 방향(方向, 방향 방|향할 향) : 어떤 방위를 향한 쪽

백지도

白地圖 [흰 백 | 땅 지 | 그림 도]

산, 강, 큰길 등의 밑그림만 그려져 있는 지도

예) 백지도에 직접 장소를 채워 우리 동네 지도를 만들자.

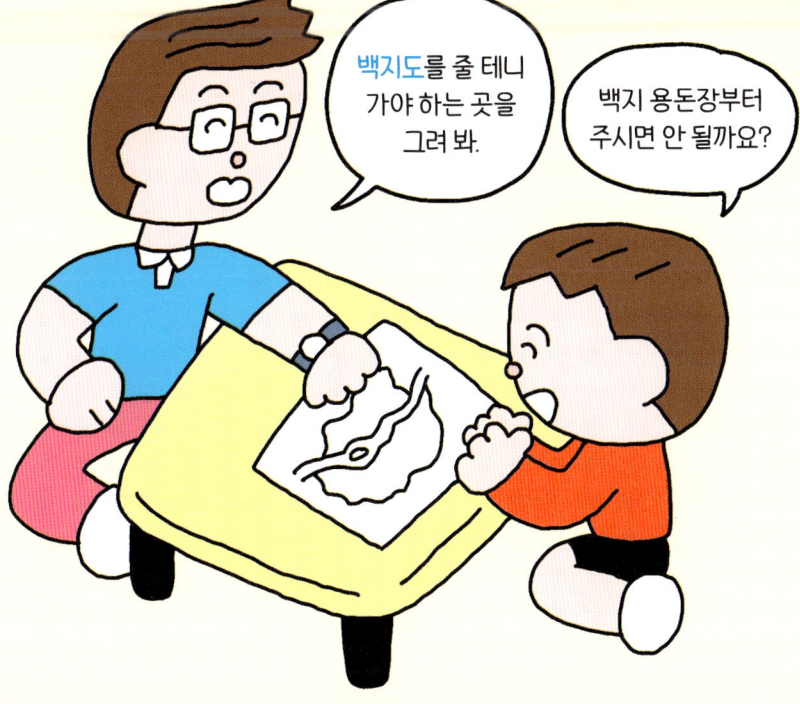

백지도를 줄 테니 가야 하는 곳을 그려 봐.

백지 용돈장부터 주시면 안 될까요?

어휘 돋보기

- 백지 수표(白地手票, 흰 백 | 땅 지 | 손 수 | 표 표) : 금액을 알아서 적도록 비워 놓은 수표
- 백지 투표(白紙投票, 흰 백 | 종이 지 | 던질 투 | 표 표) : 투표용지에 아무것도 적지 않은 투표

본초 자오선

本初子午線 [근본 본 | 처음 초 | 아들 자 | 낮 오 | 줄 선]

❶ 자오선 중 지구의 경선을 잴 때 기준으로 삼는 선
❷ 영국의 그리니치 천문대를 지나는 자오선

예) 본초 자오선을 기준으로 동쪽의 경도는 동경, 서쪽의 경도는 서경이라고 한다.

🔍 어휘 돋보기

• 자오선(子午線, 아들 자 | 낮 오 | 줄 선) : 지구 표면에서 남극과 북극을 지나며 적도와 수직을 이루는 가상의 커다란 선

산맥

山脈 [뫼 산 | 줄기 맥]

큰 산들이 한 방향으로 길게 잇달아 있는 줄기

예) 많은 등반가들이 히말라야산맥 등정에 도전하고 있다.

여기는 산 하나를 넘으면 줄기처럼 잇달아 또 산이 있네요?

그래서 산이라고 하지 않고 산맥이라고 한단다.

개념 쏙쏙

- **산** : 평평한 땅보다 높이 솟아 있는 부분
- **산맥** : 큰 산에서 뻗어 나간 여러 개의 산줄기
- **야산** : 들 가까이에 있는 얕은 산

생활권

生活圈 [살 생 | 살 활 | 우리 권]

학교를 가거나 직장을 가는 등 사람이 일상생활을 할 때 활동하는 범위

예) 초고속 열차가 생긴 이후로 서울과 부산은 일일생활권이 되었다.

💡 개념 쑥쑥

- **일일생활권(하루 생활권)** : 하루 안에 볼일을 마치고 돌아올 수 있는 거리 안에 있는 범위
- **도보 생활권** : 걸어 다니며 일상생활을 할 수 있는 범위
- **기초 생활권** : 사람이 살아가는 데 필요한 기본적인 시설, 환경, 일자리 등이 갖추어져 있는 범위

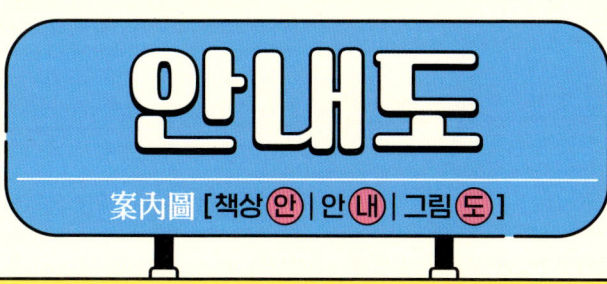

안내도

案內圖 [책상 안 | 안 내 | 그림 도]

어떤 내용을 알려 주거나 방향을 가리키는 그림

예) 관광지에 가면 관광 안내도를 먼저 살펴보는 게 좋다.

어휘 돋보기

- **약도**(略圖, 다스릴 약 | 그림 도) : 중요한 것만 간단하게 나타낸 지도
- **안내 책자**(案內冊子, 책상 안 | 안 내 | 책 책 | 아들 자) : 관광지의 정보나 제품의 사용법을 자세히 설명하는 책

영역

領域 [거느릴 **영** | 지경 **역**]

한 나라가 다스릴 수 있는 권리가 미치는 범위

㉠ 허락 없이 다른 나라의 영역에 침범해서는 안 된다.

 영역 = 영토 + 영해 + 영공

- **영토**(領土, 거느릴 **영** | 흙 **토**) : 한 나라가 다스릴 수 있는 권리가 미치는 땅
- **영해**(領海, 거느릴 **영** | 바다 **해**) : 한 나라가 다스리는 영토에 붙은 바다
- **영공**(領空, 거느릴 **영** | 빌 **공**) : 한 나라가 다스리는 영토와 영해 위의 하늘

인구분포도

人口分布圖 [사람 인 | 입 구 | 나눌 분 | 펼 포 | 그림 도]

★ 지리

> 산업이나 지역, 민족 등에 따라
> 인구가 얼마나 퍼져 있는지를 나타내는 지도

예) 지역별 **인구분포도**를 보면 지역마다 인구수의 많고 적음을 한눈에 볼 수 있다.

— 내 친구들이 주로 어느 마을에 살고 있는지 인구분포도를 그려 봐야겠어.

— 친구가 두 명밖에 안 되는데 그럴 거까지야….

어휘 돋보기

- **인구**(人口) : 일정한 지역에 살고 있는 사람의 수
- **분포**(分布) : 어떤 범위에 흩어져 있음

인문환경

人文環境 [사람 인 | 글월 문 | 고리 환 | 지경 경]

사람들이 활동하며 인공적으로 만든 환경

예 사람들은 자연환경을 이용해 논, 밭, 다리, 공장과 같은 인문 환경을 만든다.

어휘 돋보기

- **환경**(環境) : 살아가는 데 영향을 미치는 자연적 조건이나 사회적 상황
- **자연환경**(自然環境, 스스로 자 | 그럴 연 | 고리 환 | 지경 경) : 사람이 만들지 않고 저절로 생겨난 땅의 생김새나 날씨에 영향을 주는 환경

자연재해

自然災害 [스스로 자 | 그럴 연 | 재앙 재 | 해할 해]
비 천재(天災)   반 인재(人災)

태풍, 가뭄, 홍수, 지진 등의 피할 수 없는
자연 현상으로 생겨나는 피해

예 메뚜기 떼가 농가를 덮치는 자연재해가 발생해 농민들이 피해를 보았다.

🔍 어휘 돋보기

- **자연**(自然) : 사람의 힘이 더해지지 않고 저절로 이루어진 상태
- **재해**(災害) : 재앙으로 받은 피해
- **천재**(天災, 하늘 천|재앙 재) : 자연 변화로 인한 재앙
- **인재**(人災, 사람 인|재앙 재) : 사람이 불러온 재앙

적도

赤道 [붉을 적 | 길 도]

지구 표면에서 남극과 북극으로부터 각각 같은 거리만큼 떨어져 있는 중간 지점을 이은 가상의 선

예 적도 근처의 바닷물은 매우 뜨겁다.

제설

除雪 [덜 제 | 눈 설]

쌓인 눈을 치우는 일

예) 눈이 오자마자 제설 작업을 하니 거리가 말끔해졌다.

아침 내내 만든 눈사람을 그렇게 쓰러뜨리면 어떻게 해!

지금 제설 작업 중인데?

중심지

中心地 [가운데 중 | 마음 심 | 땅 지]

어떤 일이나 활동의 중심이 되어 사람들이 많이 모이는 곳

예) 독감 같은 전염병이 유행일 때는 중심지에 가지 않는 게 좋다.

학교의 중심지라면 운동장을 말하는 걸까? 아이들이 가장 많이 모이는 곳이니까.

우리 학교의 중심지에서 보자!

개념 쑥쑥

- 산업 중심지 : 물건을 만드는 공장이나 회사 등 일하기 위해 사람들이 모여드는 곳
- 상업 중심지 : 시장, 백화점 등 필요한 물건을 사고팔기 위해 사람들이 모여드는 곳
- 행정 중심지 : 구청, 시청 등 행정 일을 보기 위해 사람들이 모여드는 곳

중위도

中緯度 [가운데 중 | 씨 위 | 정도 도]

저위도와 고위도 사이의 중간 위도

(예) 우리나라는 중위도 지역에 있어 기후가 온화하다.

개념 쏙쏙

- **위도**(緯度, 씨 위 | 정도 도) : 적도를 기준으로 북쪽 또는 남쪽으로 얼마나 떨어져 있는지를 나타내는 값
- **고위도**(高緯度, 높을 고 | 씨 위 | 정도 도) : 적도에서 멀고 극지방에 가까운 60도 이상의 위도
- **중위도**(中緯度, 가운데 중 | 씨 위 | 정도 도) : 저위도와 고위도 사이, 30도에서 60도 가량의 위도
- **저위도**(低緯度, 낮을 저 | 씨 위 | 정도 도) : 적도에 가까운 30도 이하의 위도

지명

地名 [땅 지 | 이름 명]

땅, 마을, 지역의 이름

㈎ 지명을 보면 그 땅의 특색을 알 수 있다.

이 마을은 밤이 많아서 밤골이라는 지명을 가지고 있어.

밤이 많으면 밤골, 배가 많으면 배골, 그럼 별이 많으면 별꼴?

지방

地方 [땅 지 | 모 방]

❶ 어느 한쪽에 있는 땅
❷ 서울 이외의 지역

(예) 공납은 조선 시대 때 각 지방에서 나는 특산물을 세금으로 바치던 제도였다.

지표면

地表面 [땅 지 | 겉 표 | 낯 면]
비 지표, 땅겉

지구나 땅의 겉면

예 **지표면** 가까이에 뿌옇게 떠 있는 물방울이 안개다.

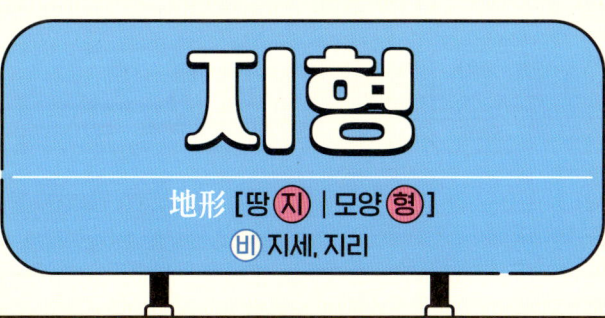

지형

地形 [땅 지 | 모양 형]
(비) 지세, 지리

땅이 생긴 모양이나 상태

(예) 나는 이 동네에서 태어나고 자라서 지형을 잘 알고 있어.

아무도 찾지 못할 곳으로 가야 해.

이곳의 지형을 미리 알아볼걸.

○ **지형도**(地形圖, 땅 지 | 모양 형 | 그림 도) : 지형과 시표에 있는 사물을 자세히 그린 지도

집중 호우

集中豪雨 [모을 집 | 가운데 중 | 호걸 호 | 비 우]

비 장대비

어느 한 지역에 집중적으로 내리는 비

예 마을의 집들이 **집중 호우**로 물에 잠기고 말았다.

🔍 **어휘 돋보기**

- **집중**(集中) : 한 곳을 중심으로 모여듦
- **호우**(豪雨) : 줄기차게 내리는 크고 많은 비

축척

縮尺 [줄일 축 | 자 척]

지도에서 실제 거리를 줄인 정도

예 이것은 우리 마을의 1000분의 1 축척 지도야.

🔍 어휘 돋보기

- **축소**(縮小, 줄일 축 | 작을 소) : 모양이나 크기 등을 줄여 작게 함
- **축약**(縮約, 줄일 축 | 맺을 약) : 줄여서 간단하게 함

침엽수

針葉樹 [바늘 침 | 잎 엽 | 나무 수]
반 활엽수

바늘처럼 길고 뾰족한 잎이 달린 나무

예 소나무는 잎이 뾰족한 걸 보니 **침엽수**야.

💡 개념 쏙쏙

● **활엽수**(闊葉樹, 넓을 활 | 잎 엽 | 나무 수) : 잎이 넓은 나무

터전

비 근거지, 기지

자리를 잡거나 살림의 뿌리를 두는 곳

예 다른 도시로 이사해 삶의 터전을 옮겼다.

- 할아버지, 이사 가는 것이 많이 슬프세요?
- 20년 간 내 삶의 터전이었는데 떠나려니까 슬프구나.

평야

平野 [평평할 평 | 들 야]
비 들, 벌판   반 산, 산간

오르내리는 폭이 매우 작고, 평평한 너른 땅

예 강 옆의 평야는 비옥한 땅이라 농사를 짓기에 좋다.

하류

下流 [아래 하 | 흐를 류]
반 상류(上流)

강이나 개천의 아래쪽 부분

예 하류로 갈수록 하천이 넓어진다.

지금 하류로 가는 거 맞아?

강물 따라 계속 내려왔으니까 맞을 거야.

하천

河川 [강물 하 | 내 천]
(비) 시내, 강

육지 위에서 길을 따라 흐르는 물줄기

(예) 낚시꾼은 잡은 물고기들을 하천에 다시 풀어 주었다.

우리도 여름에 수영할 하천이 있었으면!

이 땅도 계속 파다 보면 물이 나오지 않을까?

한반도

韓半島 [나라이름 한 | 반 반 | 섬 도]

남한과 북한을 합친 땅

(예) 한반도를 향해 태풍이 몰려오고 있습니다.

나 어제 한반도 맨 북쪽에 있는 산에 다녀왔다! 부럽지?

한반도 북쪽 끝이면 북한에 있는 백두산? 한반도가 뭔지는 알고 말하냐?

백두산

항로

航路 [배 항 | 길 로]

❶ 배가 지나다니는 바닷길
❷ 비행기가 다니는 하늘길

(예) 태풍 때문에 배가 항로를 바꾸었다.

유턴, 유턴!
항로 바꿔서
되돌아 와!

갑자기?
비행기도 뒤로 막
돌릴 수 있어?

해안선

海岸線 [바다 해 | 언덕 안 | 줄 선]
비 연안선

바다와 육지가 맞닿은 선

예 도로가 해안선을 따라 쭉 뻗어 있다.

해양

海洋 [바다 해 | 큰바다 양]
비 대양(大洋)

넓고 큰 바다

예 지구에서 가장 넓은 해양은 태평양이다.

화전 농업

火田農業 [불 화 | 밭 전 | 농사 농 | 업 업]

산이나 들에서 나무나 풀을 태워 나온 재를 이용해 농사짓는 방법

예) 옛날에는 농사지을 땅이 없으면 산으로 들어가 나무를 태우고 화전 농업을 했다.

너 왜 잔디밭에서 불장난이야?

화전 농업을 좀 해 볼까 하고.

🔍 어휘 돋보기

• 화전(火田): 풀이나 나무에 불을 질러 만든 밭

가구

家口 [집 가 | 입 구]
(비) 식구, 세대

❶ 집안 식구
❷ 실제로 같이 살아가는 사람들의 집단

(예) 혼자 사는 1인 **가구**가 늘어나고 있다.

개방

開放 [열 **개** | 놓을 **방**]
 폐쇄

❶ 문을 열어 자유롭게 드나들게 함
❷ 제한을 풀고 자유롭게 오가며 교류하게 함

예) **개방** 정책으로 나라 간에 물건을 사고파는 일이 잦아졌다.

★ 사회·문화

🔍 어휘 돋보기

- **폐쇄**(閉鎖, 닫을 **폐** | 쇠사슬 **쇄**) : ①문을 닫아 오고 가는 것을 막음
  ②교류를 끊거나 막음

견제

牽制 [끌 견 | 절제할 제]

상대편의 힘이 지나치게 커지지 못하게 억누름

예) 그 선수는 자신의 경쟁자를 견제하려고 길을 막으며 달렸다.

공모

公募 [공평할 공 | 모을 모]

사람들에게 널리 알려 모집함

예) 재활용 아이디어 공모전이 있어서 참가하려고 해.

사회·문화

이번 미술 대회 공모에 내가 낸 그림이 1등 했어.

와, 정말 축하해!

상장 미술 대회 1등

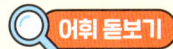 어휘 돋보기

- 모집(募集, 모을 모 | 모을 집) : 일정한 조건에 맞는 작품, 사람, 물건 등을 구해 모음

공포

公布 [공평할 공 | 펼 포]
비 선포, 선언, 공고

일반 사람들에게 널리 알림

예) 학교 안에서 인터넷 사용 금지를 **공포**했다.

모두에게 **공포**한다! 나 오늘 안 놀고 집에 일찍 갈 거야.

좀 중요한 일을 알릴 순 없겠니?

교류

交流 [사귈 교 | 흐를 류]

사회·문화

문화, 생각, 물건 등을 나라, 지역, 사람들끼리 서로 주고받음

예) 조선 시대에 개화파들은 외국과의 교류를 주장했다.

🔍 **어휘 돋보기**

- **왕래**(往來, 갈 왕 | 올 래) : 서로 오고 감
- **소통**(疏通, 트일 소 | 통할 통) : 막히지 않고 서로 잘 통힘

귀촌

歸村 [돌아올 귀 | 마을 촌]

시골로 돌아가거나 돌아옴

(예) 준비 없이 **귀촌**한 사람들은 시골 생활에 적응하는 데 어려움을 겪는다.

🔍 어휘 돋보기

- **귀농**(歸農, 돌아올 귀 | 농사 농) : 농사를 지으려고 농촌으로 돌아감

기아

飢餓 [주릴 기 | 주릴 아]
🔵 기근

먹을 것이 없어 굶주림

예 아프리카에는 아직도 **기아**에 시달리는 아이들이 많다.

다변화

多邊化 [많을 다 | 가 변 | 될 화]

단순하지 않고 여러 갈래로 복잡해짐

(예) **다변화**되는 소비자들의 취향에 맞추어 다양한 상품이 만들어진다.

대중 매체

大衆媒體 [큰 **대** | 무리 **중** | 중매 **매** | 몸 **체**]
비 매스 미디어(mass media)

★ 사회·문화

잡지, 신문, 텔레비전처럼 많은 사람에게 정보나 생각을 전하는 물체나 수단

예 **대중 매체**의 발달로 전 세계의 문화가 점점 비슷해지고 있다.

텔레비전 방송에 나오더니 찾아오는 손님이 엄청 많아졌네.

역시 대중 매체의 힘이 크군!

🔍 **어휘 돋보기**

- **대중**(大衆) : 수많은 사람의 무리
- **매체**(媒體) : 어떤 사실이나 정보를 전해 주는 물체나 수단

도덕

道德 [길 도 | 덕 덕]
비 윤리, 도리   반 부도덕

사람이 마땅히 지켜야 할 올바른 행동 규칙

예 전래 동화에는 도덕적인 교훈이 많이 담겨 있다.

쓰레기를 함부로 버리지 마시오

우리는 공중도덕을 잘 지키는 어린이들!

문화

文化 [글월 문 | 될 화]
 문물

언어, 풍습, 종교, 학문 등 사람들이 함께 살아가면서 만들어 낸 생활 양식

예 한글은 대한민국의 찬란한 문화 중 하나이다.

 사회·문화

어휘 돋보기

- **문물**(文物, 글월 문 | 물건 물) : 문화의 영향으로 생겨난 사물이나 현상

문화유산

文化遺産 [글월 문 | 될 화 | 남길 유 | 낳을 산]

조상 대대로 전해 내려온 문화 중에서
다음 세대에게 물려줄 만한 가치가 있는 것

예 창덕궁은 우리나라 궁궐의 아름다움을 간직한 문화유산이다.

💡 개념 쑥쑥

- 문화재 : 옛날부터 문화를 통해 만들어진 것 중에서 가치가 높다고 여겨지는 것
- 유형 문화유산(유형 문화재) : 그림, 도자기, 탑 등 실제로 형체가 있는 문화재
- 무형 문화유산(무형 문화재) : 음악, 춤, 연극, 기술 등 형체가 없는 문화재

밀집

密集 [빽빽할 밀 | 모을 집]

빈틈없이 빽빽하게 한데 모임

예) 서울은 인구가 밀집되어 있어 어디나 사람들이 많다.

★ 사회·문화

- 웬일로 놀이동산이 아니라 산으로 놀러 가자는 거야?
- 전염병이 돌 때는 사람들이 밀집된 곳은 위험하거든요.

보장

保障 [지킬 보 | 막을 장]
(비) 보증

어떤 일이 이루어지도록 지키고 막아 줌

(예) 이 사업은 엄청난 이익이 보장되어 있다.

괜찮아, 너의 안전을 보장할게. 내가 여기에 서서 지켜 줄게!

굴 안으로 들어가는 게 무서운 거라고!

복지

福祉 [복**福**|복**祉**]

좋은 건강, 넉넉한 생활, 편안한 환경이 어우러져 행복한 상태

예) 사회 **복지** 시설에는 고아원, 양로원, 공공 도서관 등이 있다.

개념 쏙쏙

- **사회 복지** : 국민의 행복한 생활을 위해 보장하는 사회 시설이나 정책
- **복지 사회** : 복지 정책으로 국민의 행복한 생활이 보장되는 사회
- **공공 복지** : 사회 구성원 전체에 두루 영향을 미치는 복지

분포

分布 [나눌 분 | 펼 포]

여기저기 흩어져 있음

(예) 바닷속에는 중요한 해양 자원이 많이 **분포**되어 있다.

네 방에 있던 쓰레기를 여기저기에 버려둔 게 너야?

여기저기 **분포**시켜 놓은 거예요. 모여 있으면 지저분해 보이니까요.

빈곤

貧困 [가난할 빈 | 괴로울 곤]
비 가난, 빈궁   반 부유

❶ 버는 돈과 재산이 적어 가난하고 어려움
❷ 필요한 것이 모자라서 텅 빔

예 아프리카에는 빈곤으로 고통을 겪는 사람들이 많다.

사회·문화

사례

事例 [일 **사** | 법식 **례**]
(비) 예, 본보기

어떤 일이 실제로 일어난 예

(예) 구체적인 사례를 들어 설명하면 이해하기가 쉽다.

상호 의존

相互依存 [서로 상 | 서로 호 | 의지할 의 | 있을 존]
반 독립

이쪽과 저쪽이 서로 상대에게 의지하여 존재함

예) 전 세계가 하나의 지구촌이 되어 상호 의존하며 살아가고 있다.

우리는 살아도 같이 살고 죽어도 같이 죽는 거야. 담요 같이 덮자.

그래, 이렇게 고립되었으니 상호 의존 할 수밖에 없어. 네 음식도 나눠 줄거지?

어휘 돋보기

독립(獨立, 홀로 독 | 설 립) : 다른 것에 의지하지 않고 홀로 존재함

세계화

世界化 [인간 세 | 경계 계 | 될 화]

세계 여러 나라가 다양한 분야에서 교류하고 가까워짐

(예) **세계화** 시대가 되어 전 세계의 문화를 손쉽게 접할 수 있다.

세시 풍속

歲時風俗 [해 세 | 때 시 | 바람 풍 | 풍속 속]

명절에 하는 일, 놀이, 음식 등 해마다 같은 시기에 되풀이되는 다양한 생활 모습

예) 동짓날에는 악귀를 물리치기 위해 팥죽을 먹는 세시 풍속이 있다.

사회·문화

단오에는 창포를 삶은 물에 머리를 감는 풍습이 있지.

세시 풍속을 잘 따르고 있네!

어휘 돋보기

- **풍속**(風俗, 바람 풍 | 풍속 속) : 옛날부터 전해져 내려오는 생활 습관
- **명절**(名節, 이름 명 | 마디 절) : 전통적으로 해마다 일정하게 즐기거나 기념하는 때

여가생활

餘暇生活 [남을 여 | 틈 가 | 날 생 | 살 활]

스스로 즐거움을 얻으려고 남는 시간에 하는 자유로운 활동

예) 우리 아빠는 회사 일이 너무 많아서 여가 생활을 할 수가 없다.

- **여가** (餘暇) : 일이 없어 한가로운 시간

유네스코
UNESCO

나라 간에 교육, 과학, 문화의 교류를 돕기 위해 만들어진 국제 연합 기구

예) 이 도시 전체가 유네스코가 지정한 세계 문화유산이다.

★ 사회·문화

창덕궁은 유네스코가 지정한 세계 문화유산이야.

주변 자연환경과 잘 어울리는 멋진 궁궐이지!

 어휘 돋보기

○ 유네스코(UNESCO) = United Nations Educational, Scientific and Cultural Organization

유포

流布 [흐를 유 | 펼 포]
(비) 배포, 확산, 전파

세상에 널리 퍼뜨림

(예) 잘못된 사실이 유포되어 억울한 피해자가 생겼다.

의사 결정

意思決定 [뜻 의 | 생각 사 | 결단할 결 | 정할 정]

사회·문화

어떤 문제를 해결하기 위해 자기 생각을 분명하게 정함

예) 많은 사람에게 영향을 끼치는 문제일수록 신중하게 **의사 결정**을 내려야 한다.

어휘 돋보기
- **의사**(意思): 무엇을 하고자 하는 생각
- **결정**(決定): 행동이나 태도를 정함

의식주

衣食住 [옷 의 | 먹을 식 | 살 주]

옷, 음식, 집을 통틀어 이르는 말

예) 오랫동안 떠돌며 사는 난민들은 의식주 걱정이 많다.

인구

人口 [사람 인 | 입 구]

일정한 지역에 사는 사람의 수

예) 갈수록 결혼을 하지 않거나 결혼을 해도 아기를 낳지 않아 **인구**가 줄고 있다.

사회·문화

💡 개념 쏙쏙
- **인구 구성** : 성별, 나이, 직업 등 각 기준으로 사람 수가 얼마인지 나누어 본 짜임새
- **인구 밀도** : 일정한 지역의 면적당 인구수가 얼마나 되는지를 나타낸 것

인명

人名 [사람 인 | 이름 명]

사람의 이름

예 편지를 보낼 때는 인명과 주소를 분명히 써야 한다.

🔍 어휘 돋보기

● 인명(人命, 사람 인 | 목숨 명) : 사람의 목숨 예 화재 사고로 많은 인명 피해가 발생했다.

자매결연

姉妹結緣 [윗누이 자 | 누이 매 | 맺을 결 | 인연 연]

★ 사회·문화

다른 지역이나 단체가 서로 돕거나 교류하기 위해 친한 관계를 맺는 일

예) 우리 도시는 외국의 한 도시와 자매결연을 맺었다.

장려

奬勵 [권면할 **장** | 힘쓸 **려**]
비 권장

좋은 일을 힘써 하도록 권하고 힘을 북돋아 줌

예 조선 시대에는 농사와 누에치기를 장려했다.

학생들의 책 읽기를 장려하기 위해 독서 대회를 열기로 했다.

노는 것을 장려하는 놀기 대회가 있다면 제가 1등일걸요?

저작물

著作物 [나타날 저 | 지을 작 | 물건 물]

어떤 학문이나 기술, 문학 작품 등을 글로 써서 펴낸 것

예) 다른 사람의 저작물을 함부로 베껴 쓰면 안 된다.

사회·문화

개념 쑥쑥

- **저작권**(著作權, 나타날 저 | 지을 작 | 권세 권) : 독창적으로 만든 예술 작품에 대한 권한을 가진 사람의 권리

저출산

低出産 [낮을 저 | 날 출 | 낳을 산]

아이를 적게 낳음

㉠ **저출산** 현상으로 노인은 늘고 일할 젊은이는 줄어들고 있다.

놀이터에 왜 이렇게 사람이 없지?

저출산 때문에 아이들이 점점 줄고 있어서 그런 거 아닐까?

정보화

情報化 [뜻 정 | 알릴 보 | 될 화]

❶ 지식이나 자료를 정보의 형태로 만듦
❷ 사회가 발전해 나가는 데 정보가 중요한 자원이 됨

예) 조선 시대 기록을 인터넷에서 쉽게 찾아볼 수 있는 정보화 사업이 진행 중이다.

★ 사회·문화

어휘 돋보기

• 정보(情報) : 어떤 사건에 대한 소식이나 자료

조직

組織 [짤 조 | 짤 직]
비 단체

원하는 목적을 이루기 위해 일정한 규칙을 만들어 모인 집단

예 독립운동가들은 일제의 눈을 피해 비밀 **조직**을 만들었다.

🔍 어휘 돋보기

● **단체**(團體, 덩어리 **단** | 몸 **체**) : 여러 사람이 모여 이루어진 집단

종사

從事 [따를 종 | 일 사]

사회·문화

어떤 일에 마음을 다하여 일함

예) 아버지는 평생 동안 농업에 **종사**하셨다.

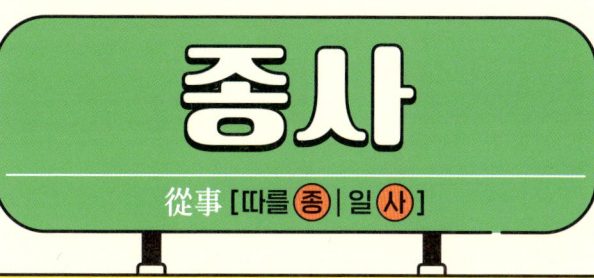

나는 컴퓨터 산업에 종사하는 게 꿈이야.

비켜 달라는 소리를 너무 어렵게 하는데?

지속

持續 [가질 지 | 이을 속]
비 연속, 유지 반 중지, 중단

어떤 상태가 계속해서 그대로 이어짐

예 이번 주 내내 따뜻한 날씨가 지속되고 있다.

집중

執中 [잡을 **집** | 가운데 **중**]
반 분산

한곳을 중심으로 모임

예 우리나라 인구는 서울에 **집중**되어 있다.

사회·문화

왜 갑자기 춤을 추고 그래?

이래야 사람들의 눈을 나에게 **집중**시킬 수 있거든.

🔍 **어휘 돋보기**

○ **분산**(分散, 나눌 **분** | 흩을 **산**) : 갈리저 흩이짐

차별

差別 [다를 차 | 나눌 별]
비 차등 반 평등

둘 또는 여럿을 두고 다르게 순위를 매겨 구별함

예 오늘날 남성과 여성을 차별하는 직업은 거의 없다.

처벌

處罰 [곳 처 | 벌할 벌]

잘못을 저지른 사람에게 벌을 내림

예) 잘못한 사람이 **처벌**을 제대로 받아야 정의로운 사회가 된다.

사회·문화

🔍 어휘 돋보기

- **처형**(處刑, 곳 **처** | 형벌 **형**): 형벌을 내리거나 사형에 처함
- **처역**(處役, 곳 **처** | 부릴 **역**): 죄인을 가두어 강제로 일을 시키는 형벌을 내림

초고령

超高齡 [뛰어넘을 초 | 높을 고 | 나이 령]

나이가 아주 많은 상태

예) 현대 사회는 의학의 발달로 초고령 사회가 되었다.

촌락

村落 [마을 촌 | 떨어질 락]
비 마을 반 도시

농촌, 어촌, 산촌 등의 시골 마을

예 조선 시대에는 같은 성씨를 가진 사람들끼리 촌락을 이루었다.

침해

侵害 [침노할 침 | 해할 해]

함부로 남의 것을 건드려 손해를 끼침

예 남의 글이나 노래를 똑같이 베끼는 것은 저작권 **침해**이다.

개념 쏙쏙

- **권리 침해** : 다른 사람의 권리를 함부로 빼앗고 짓밟음
- **인권 침해** : 다른 사람의 인간으로서 권리를 함부로 짓밟음
- **재산 침해** : 다른 사람의 재산에 손해를 입힘

캠페인

Campaign

비 사회 운동

한 나라나 사회 안에서 어떤 목적을 이루기 위해 꾸준히 벌이는 운동

예 어린이 보호를 위해 길거리를 걸으며 캠페인을 벌일 예정이다.

★ 사회·문화

매일 체육 두 시간 수업하기 캠페인 시작해 보는 거 어때?

그중 한 시간은 춤추기 수업으로 한다면 함께 할게.

특보

特報 [특별할 **특** | 알릴 **보**]

신문이나 방송으로 새로운 사실을 특별히 알림

예) 오늘 태풍이 한반도에 다가온다는 기상 **특보**가 있었다.

💡 개념 쑥쑥

- **기상 특보** : 날씨에 갑작스러운 변화가 있을 때 특별히 알림
- **뉴스 특보** : 특별히 중요한 뉴스가 생겨 알림
- **대서특필** : 신문에서 어떤 사건을 중요한 기사로 다루어 대대적으로 알림

편견

偏見 [치우칠 편 | 볼 견]

한쪽으로 치우쳐 공평하지 못한 생각이나 의견

예) **편견**을 깨고 모든 사람을 공정하게 대해야 한다.

사회·문화

작은 사람이 농구를 잘하지 못할 거란 생각은 **편견**이야!

💡 개념 쏙쏙

- **문화적 편견** : 자기 문화만 옳고 다른 문화는 잘못되었다고 여기는 생각
- **사회적 편견** : 사회에 속한 대부분의 사람이 가지고 있는 치우친 생각

韓流 [한국 한 | 흐를 류]

해외에서 엄청난 인기를 끄는 한국의 춤, 노래, 드라마 등의 대중문화

예 **한류** 열풍으로 한국 드라마가 외국으로 많이 수출되고 있다.

핵가족

核家族 [씨 핵 | 집 가 | 겨레 족]

비 소가족 반 확대 가족, 대가족

남편과 아내, 결혼하지 않은 아들이나 딸로만 이루어진 가족

예 옛날에는 부부와 결혼하지 않은 자식들만 사는 **핵가족**은 별로 없었다.

사회·문화

엄마, 아빠, 그리고 내가 있는 우리 집은 **핵가족**이에요!

개념 쑥쑥

- **확대 가족** (擴大家族, 넓힐 확 | 큰 대 | 집 가 | 겨레 족) : 결혼한 자녀와 부모가 함께 살아가는 가족

협약

協約 [화합할 협 | 맺을 약]
비 협상조약, 협정

서로 의견을 나누어 맺은 조약

예) 기후 변화 **협약**을 맺은 나라들은 지구 온난화를 막기 위해 노력하고 있다.

일 년에 네 번은 놀이동산에 가기로 저와 **협약**을 맺었잖아요!

동생과 싸우지 않아야 한다는 조약도 있는 거 명심해! 어제 싸운 사람은 누구더라?

🔍 **어휘 돋보기**

● **조약**(條約, 가지 조 | 맺을 약) : 서로 의견을 모아 정한 낱낱의 약속들

확산

擴散 [넓힐 확 | 흩을 산]

흩어져 널리 퍼져 나감

예 바이러스로 인한 전염병이 전 세계적으로 **확산**되고 있다.

★ 사회·문화

전염병의 확산을 막으려면 손을 잘 씻어야 해.

가결

可決 [옳을 가 | 결단할 결]
반 부결

회의에서 내놓은 안건을 투표 등을 통해 옳다고 통과시킴

예) 안건이 가결되자 회의장에 있던 사람들이 환호성을 질렀다.

🔍 **어휘 돋보기**

- **부결**(否決, 아닐 부 | 결단할 결) : 의논한 안건을 옳지 않다고 거절함
- **안건**(案件, 책상 안 | 사건 건) : 토의하거나 조사해야 할 사실

간선제

間選制 [사이 간 | 가릴 선 | 제도 제]
반 직선제

국민을 대신하여 투표할 사람들을 정하여 이들이 대표자를 뽑게 하는 제도

예 미국 대통령 선거는 간선제이다.

★ 정치

이번 반장 선거는 간선제로 했으면 좋겠습니다. 남학생들만 선거인단으로 뽑아서요.

여자애들이 너 싫어하니까 간선제로 하자고 그러는 거지?

🔍 어휘 돋보기

○ 직선제(直選制, 곧을 직|가릴 선|제도 제) · 투표권을 가진 국민이 직접 투표하여 대표자를 뽑는 제도

갈등

葛藤 [칡 갈 | 등나무 등]
비 불화, 다툼

칡과 등나무가 얽히는 것처럼 사람이나 집단 사이에 바라는 것이 달라 서로 싫어하고 다툼

예 두 나라가 서로 바라는 무역 조건이 달라서 갈등을 빚었다.

개념 쏙쏙

- **노사 갈등** : 일하는 사람과 고용하는 사람의 원하는 바가 달라 생긴 다툼

감사

勘査 [헤아릴 감 | 조사할 사]

사실을 조사하고 감독함

예) 정부는 문제가 있는 기관을 특별 감사하기로 했다.

★ 정치

🔍 **어휘 돋보기**

- 감사(感謝, 느낄 감·사례할 사) : 고맙게 여기는 마음

공공기관

公共機關 [공평할 공 | 함께 공 | 틀 기 | 관계할 관]

사회의 모든 사람에게 도움을 주고 생활을 편리하게 만들기 위해 나라가 세우거나 관리하는 기관

예) 도서관, 주민 센터, 우체국 같은 공공기관이 없다면 사람들의 생활이 불편해진다.

 어휘 돋보기

- 기관(機關, 틀 기 관계할 관) : 어떤 일을 하기 위해 만든 조직

공소

公訴 [공평할 공 | 호소할 소]

검사가 형벌을 내릴 수 있는 범죄 사건에 대해 재판해 달라고 법원에 청하는 일

예) 검찰이 이번 사건의 용의자를 공소했다.

★ 정치

나만 빼고 모여 놀았다니 법원에 공소할 거야.

공소는 범죄 사건을 재판해 달라고 하는 거거든!

개념 쏙쏙

- **공소 사실**: 검사가 공소장에 적어 밝힌 범죄 사실
- **공소 시효**: 일정한 기간이 지난 범죄에 대해 공소를 제기할 수 있는 권한이 사라지는 제도
- **공소 기각**: 공소에 필요한 조건을 갖추지 못하거나 형벌을 줄 수 있는 권한이 없을 때 공소를 무효로 하는 재판

공청회

公聽會 [공평할 공 | 들을 청 | 모일 회]

중요한 정책을 결정하기 전에 관련된 여러 사람의 의견을 들어 보는 공개적인 모임

예) 법률을 새로 만들 때는 국회가 공청회를 열어 다양한 의견을 모아야 한다.

국무 회의

國務會議 [나라 국 | 힘쓸 무 | 모일 회 | 의논할 의]

나라의 행정 일을 보는 위원들이 모여 정부의 중요한 정책을 자세히 논의하고 결정하는 정부 최고의 기관

예 **국무 회의**에는 각 부의 장관들이 모인다.

★ 정치

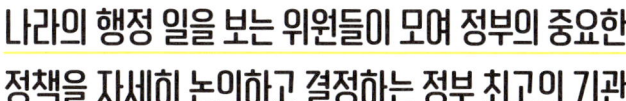

국무 회의에서 나라 전체의 특별 공휴일을 결정했대.

미리 알았으면 한 달간 공휴일로 해 달라고 부탁했을 텐데!

개념 쑥쑥

- **국무** : 나라의 정치나 행정에 관련된 일
- **국무총리** : 대통령을 도우며 대통령의 명을 받아 행정부 각 부서 전체를 관리하는 공무원

국민 투표

國民投票 [나라 국 | 백성 민 | 던질 투 | 표 표]
(비) 일반 투표, 국민 표결

헌법을 고치거나 나라의 안전을 위해 중요한 정책을 결정할 때 일반 국민의 전체 의견을 물어보기 위해 실시하는 투표

(예) 국민의 권리에 중요한 변화를 가져올 수 있는 일은 국민 투표에 붙일 수 있다.

어린이도 대통령을 할 수 있게 법을 바꿨으면 좋겠어!

그렇게 중요한 일은 국민 전체가 결정하도록 국민 투표를 해야 해.

어휘 돋보기

- **국민** (國民) : 국가를 이루는 사람
- **투표** (投票) : 자신의 의견을 결정해 종이에 표시하고 함에 넣는 일

권한

權限 [권세 권 | 한할 한]
비 자격

어떤 사람이나 기관이 가지고 있는 권리나 권력을 쓸 수 있는 범위

예 우리 반 회장은 자신의 권한을 너무 함부로 쓴다.

★ 정치

내가 밖에 놀러 가도 되는지를 결정할 권한이 왜 형에게 있어?

부모님이 안 계실 땐 내가 너의 보호자니까.

🔍 어휘 돋보기

- 권력 (權力, 권세 권 | 힘 력) : 다른 사람을 지배하여 다스리는 힘
- 권리 (權利, 권세 권 | 이로울 리) : ① 권세와 이익
  ② 어떤 일을 하거나 누군가에게 요구할 수 있는 힘

기본권

基本權 [터 기 | 근본 본 | 권세 권]

헌법에서 보장되는 국민의 기본적인 권리

예) 헌법에 따라 대한민국 국민이라면 누구나 기본권을 누릴 수 있다.

개념 쑥쑥 · 기본권의 종류

- **자유권** : 자유롭게 생각하고 행동할 수 있는 권리
- **평등권** : 법 앞에 공평하게 차별받지 않을 권리
- **참정권** : 나라의 정치에 참여할 수 있는 권리
- **청구권** : 권리를 침해받을 때 국가에 어떤 일을 해 달라고 요구할 수 있는 권리
- **사회권** : 인간답게 살 수 있도록 국가에 요구할 수 있는 권리

난민

難民 [어려울 난 | 백성 민]

전쟁이나 재난을 피하기 위해 머물 곳을 찾아 헤매는 사람

예) 난민들이 목숨을 걸고 국경선을 넘어오고 있다.

★ 정치

출발 Departures

자기 나라에 전쟁이 나서 못 돌아가고 있는 난민들이야.

엄마, 공항에서 살고 있는 저 사람들은 누구예요?

🔍 어휘 돋보기

• 재난(災難, 재앙 재 | 어려울 난) : 뜻밖에 일어난 재앙과 고난

납세

納稅 [들일 납 | 세금 세]
 세납

세금을 냄

 국민에게는 납세의 의무가 있다.

나도 우리나라의 국민이니까 납세의 의무를 다하고 싶어!

돈을 벌어야 세금을 내지.

- **납세자** : 세금을 낸 사람
- **납세 의무자** : 세금을 내야 할 의무가 있는 사람

내전

內戰 [안 내 | 싸움 전]

나라 안에서 일어나는 전쟁

예) 종교 갈등 때문에 내전이 그치질 않고 있다.

정치

시리아에서 정부군과 반란군 사이에 내전이 벌어졌습니다.

우리 집에서도 내전이 자주 일어나지!

다수결원칙

多數決原則 [많을 다 | 셈 수 | 결단할 결 | 근원 원 | 법칙 칙]

많은 사람의 의견에 따라 안건의 찬성을 결정하는 원칙

예) **다수결 원칙**에 따라 이 안건은 부결되었다.

엄마, 아빠, 두 표야 다수결 원칙에 따라 이렇게 결정!

강아지, 고양이도 있어요. 우린 세 표거든요.

어휘 돋보기

- **원칙**(原則, 근원 원 | 법칙 칙) : 어떤 행동을 할 때 모두가 지켜야 하는 기본적인 규칙이나 법칙

단속

團束 [덩어리 단 | 묶을 속]
비 규제, 통제, 감시

규칙, 법령 등을 어기지 않도록 관리함

예) 경찰이 불법으로 장사하는 가게를 단속했다.

정치

제 방을 또 엿보시는 거예요?

엄마 단속을 피해 늘 딴짓할 때가 많아서 어쩔 수 없다.

대정부 질문

對政府質問 [대할 대 | 정사 정 | 마을 부 | 바탕 질 | 물을 문]

국회 의원이 정부에 문제점을 묻고 따지는 제도

예) 국회는 국무총리를 출석시켜 나라 운영에 대한 대정부 질문을 퍼부었다.

방학이 왜 이렇게 짧은지 정부에 따지고 싶어. 어린이는 충분히 놀아야 한다고!

국회 의원이 되어 보도록 해. 국회에서 대정부 질문을 하면 되지.

독재

獨裁 [홀로 독 | 마를 재]

한 사람이나 한 집단이 모든 권력을 쥐고 일을 마음대로 처리하고 다스림

예) 시위대가 독재 체제는 물러나라고 외쳤다.

★ 정치

개념 쏙쏙
- **독재자**: 마음대로 권력을 휘두르고 다스리는 사람
- **독재 정치**: 한 사람이나 당이 마음대로 나라를 다스림
- **독재 체제**: 민주적인 절차 없이 독재로 나라를 다스리도록 놓여 있는 틀

망명
亡命 [망할 망 | 목숨 명]

자기 나라에서 정치나 종교적인 이유로 받는 위협을 피해 다른 나라로 나감

예) 독재자의 탄압을 피해 이웃 나라로 망명하는 사람들이 늘어났다.

🔍 **어휘 돋보기**

- 귀화(歸化, 돌아올 귀 | 될 화) : 다른 나라의 국적을 얻어 그 나라 국민이 됨
- 귀순(歸順, 돌아올 귀 | 순할 순) : 싫어하던 마음을 버리고 적이었던 반대편을 따르기로 함

민간단체

民間團體 [백성 민 | 사이 간 | 덩어리 단 | 몸 체]

정부에 속하지 않고 사람들이 어떤 목적을 위해 만든 단체

예) 정부 기관과 민간단체가 협력해야 문제를 해결할 수 있습니다.

자전거 타는 아이들 민간단체라고? 그냥 동아리 아니야?

자전거 가격 깎기 운동을 할 예정이거든!

개념 쑥쑥

- **영리 민간단체** : 단체의 이익을 위한 민간단체
- **비영리 민간단체** : 여러 사람들의 공동 이익을 위한 민간단체
- **비정부 기구(NGO)** : 뜻이 같은 개인들이 모여 지구촌의 여러 문제를 해결하고자 활동하는 조직

발의

發議 [필 **발** | 의논할 **의**]

회의에서 토론할 안건을 내놓음

예) 국회에서 발의된 새 법률을 발표합니다.

🔍 어휘 돋보기

- 발안(發案, 필 **발** | 책상 **안**) : 안건을 내놓음
- 발의자(發議者, 필 **발** | 의논할 **의** | 사람 **자**) : 회의에서 안건을 내놓은 사람
- 발의문(發議文, 필 **발** | 의논할 **의** | 글월 **문**) : 발의한 안건을 적은 글

배상

賠償 [물어 줄 배 | 갚을 상]

남의 권리를 침해한 사람이 입힌 손해를 물어 줌

(예) 이번 사고로 입은 손해를 그 회사가 배상하기로 했다.

★ 정치

💡 **개념 쑥쑥**

- **배상** : 나라나 개인이 법적으로 잘못해 남에게 손해를 입혔을 때 물어 줌
- **보상** : 나라가 법대로 처리했지만, 국민에게 손해를 입혔을 때 물어 줌

보통 선거

普通選擧 [넓을 보 | 통할 통 | 가릴 선 | 들 거]

재산, 신분, 성별, 교육 정도 등에 상관없이 일정한 나이에 이른 모든 국민이 누구나 투표할 수 있는 선거

예) 100년 전 여성들은 누구나 투표할 수 있는 보통 선거 제도를 요구했다.

개념 쏙쏙 선거의 4대 원칙

- **보통 선거** : 정해진 나이에 이르면 누구나 투표할 수 있는 선거
- **비밀 선거** : 누구에게 투표했는지 다른 사람이 알지 못하게 하는 선거
- **직접 선거** : 투표권을 가진 사람이 직접 투표하는 선거
- **평등 선거** : 누구나 한 사람이 한 표만 투표하는 선거
- **부정 선거** : 옳지 않은 수단과 방법을 사용한 선거

분쟁

紛爭 [어지러울 분 | 다툴 쟁]
비) 싸움, 다툼

서로 시끄럽게 싸우고 다툼

예) 영토 문제로 이웃 나라끼리 분쟁이 일어났다.

정치

"장난감을 서로 갖겠다고 전쟁이 벌어졌군."

"자주 벌어지는 분쟁인데 전쟁이라고 할 것까지야."

비무장 지대

非武裝地帶 [아닐 비 | 굳셀 무 | 꾸밀 장 | 땅 지 | 띠 대]
비 중립 지대, 디엠지(DMZ)

충돌을 막기 위해 협의하여 양쪽 모두 아무런 무기나 시설을 놓지 않은 곳

예 비무장 지대에는 무기를 가지고 들어갈 수 없다.

🔍 어휘 돋보기
- 무장(武裝): 전투에 필요한 장비
- 지대(地帶): 정해진 일정한 구역

삼권 분립

三權分立 [석 삼 | 권세 권 | 나눌 분 | 설 립]

나라의 권력을 입법, 사법, 행정으로 나누어 서로 견제하도록 함

(예) 삼권 분립은 권력이 한쪽으로 치우치는 것을 막기 위해 만들어졌다.

★ 정치

개념 쏙쏙

- **입법권** : 법을 만들어 정하는 국회의 권리
- **사법권** : 법을 판단하는 법원의 권리
- **행정권** : 법을 집행하여 행정 일을 하는 정부의 권리

선출

選出 [가릴 선 | 날 출]

투표 등을 통해 여럿 가운데 뽑힘

㉑ 2학기가 되어 새로운 반장을 선출하기로 했다.

선포

宣布 [베풀 선 | 펼 포]
비) 반포, 공포, 포고

어떤 일이나 법, 규칙 등을 세상에 널리 알림

예) 대한민국 정부가 정식으로 한국의 독립을 선포했다.

★ 정치

내 장난감을 마음대로 가져가다니! 너와의 전쟁을 선포한다.

소송

訴訟 [호소할 소 | 송사할 송]

무엇이 옳고 그른지 판단하여 결정을 내려 달라고 법원에 요구하는 일

예 한 소설가가 자신의 이야기를 베껴 가사를 쓴 작곡가에게 소송을 냈다.

소환

召喚 [부를 소 | 부를 환]
비 호출

조사하기 위해 누구를 불러들임

예) 검사는 사건의 단서를 찾기 위해 증인을 소환했다.

★ 정치

누가 나를 부르셨나?

요정이 맞나 조사하려고 소환했습니다만.

 개념 쏙쏙

- 주민 소환 : 각 지방의 공무원이나 의원이 잘못을 저질렀을 때 주민들의 투표로 그들을 자리에서 물러나게 하는 일

심의

審議 [살필 심 | 의논할 의]

어떤 일이 적절한지 토의함

예 중요한 정책을 심의하기 위해 국회 의원들이 모였다.

영유권

領有權 [거느릴 영 | 있을 유 | 권세 권]

어느 영토에 대해 그 나라가 다스릴 수 있는 권리

예) 독도에 대한 일본의 영유권 주장이 잘못된 것임을 전 세계가 알고 있다.

★ 정치

제발 방 좀 치워!

이 방은 제가 영유권을 가지고 있어요. 제 맘대로 할게요.

어휘 돋보기

- **영주권**(永住權, 길 영 | 살 주 | 권세 권) : 일정한 자격을 갖춘 외국인이 어떤 나라에 거주할 수 있는 권리

145

위반

違反 [어길 위 | 돌이킬 반]

법이나 약속 등을 어기고 지키지 않음

예) 법을 위반하면 벌을 받아야 한다.

너 놀이터에 늦게 왔어, 위반이야. 나한테 과자 안 나눠 줬어, 위반이야. 또 뭐가 있더라….

약속하지도 않았는데 뭘 어겼다고 그래. 억지 쓰지 않기로 약속했는데 너야말로 위반이야.

🔍 **어휘 돋보기**

● **위헌**(違憲, 어길 위 | 법 헌) : 헌법보다 아래 등급인 법률, 규칙 등이 헌법에 위반되는 일

유발

誘發 [꾈 유 | 필 발]
(비) 초래, 야기

어떤 것 때문에 다른 일이 일어남

(예) 운전 시 스마트폰 사용은 교통사고를 유발할 가능성이 높다.

★ 정치

낡은 법이나 제도를 새롭게 고침

예) 유신 헌법이 국민의 자유를 침해하자 항의하는 사람들이 생겨났다.

개념 쑥쑥

- **유신 헌법**: 1972년 박정희 대통령이 새롭게 고친 헌법으로, 국민의 권리를 대통령이 마음대로 제한할 수 있도록 바꾼 법이라 민주적이지 않았다.

이의

異議 [다를 이 | 의논할 의]

❶ 다른 의견이나 논의
❷ 명령이나 결정에 따르지 않겠다고 밝히는 일

(예) 법원의 결정에 이의를 제기하는 바입니다.

★ 정치

인권

人權 [사람 인 | 권세 권]

사람이라면 누구나 당연히 누리는 권리

예) 어린이에게도 존중받아야 할 인권이 있다.

자유롭게 노는 것은 기본 권리예요. 인권을 존중해 주세요.

마음껏 먹는 것도 기본 권리예요. 동물권을 존중해 주세요.

개념 쑥쑥

- **생존권** : 사람이 계속 살아가는 데 필요한 것을 국가에 요구할 수 있는 권리
- **행복 추구권** : 국민이 인간으로서 행복을 바랄 수 있는 권리

인도

人道 [사람 인 | 길 도]

❶ 사람으로서 마땅히 지켜야 할 도리
❷ 사람이 다니는 길

(예) 포로를 풀어 준 것은 인도적인 결정이었다.

⭐ 정치

🔍 어휘 돋보기

○ 인도 (引導, 끌 인 | 인도할 도) : 목적하는 곳으로 이끌어 줌
○ 인두 (引渡, 끌 인 | 건널 도) : 물건이나 권리를 넘겨줌

자치

自治 [스스로 자 | 다스릴 치]

❶ 스스로 자기 일을 다스림
❷ 지방 행정 단체가 국가 조직에게서 넘겨받은 역할과 일을 해냄

예) 이 복지관은 지방 자치 단체가 모은 모금으로 지었습니다.

"방학 시간표만큼은 제 마음대로 자치를 하고 싶네요."

"자치가 자기 임무를 스스로 하라는 것이지 놀기만 하는 건 아니잖니."

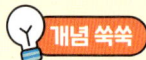
개념 쑥쑥

○ **지방 자치 제도** : 국가 조직에게서 넘겨받은 역할과 일을 지방 행정 단체가 스스로 처리하는 제도

재의

再議 [다시 재 | 의논할 의]

이미 결정된 일을 다시 의논함

예) 중요한 일은 재의를 통해 더 고민해야 한다.

★ 정치

축구 대회에 나갈 선수 뽑기를 재의해 보자.

다시 의논해 봐도 넌 안 돼. 여학생 축구 대회잖아.

🔍 어휘 돋보기

- 재고 (再考, 다시 재 | 생각할 고) : 다시 따지며 고민함

제재

制裁 [절제할 제 | 마를 재]

법이나 전통적으로 내려오는 약속을 어기지 못하게 막음

예) 세금을 내지 않은 사람들에게 벌금을 내려 제재를 가했다.

저 여기 막 뛰어다닐 거니까 제재하지 마세요.

여기 운동장이야. 제재는 무슨, 응원하마.

제청

提請 [끌 제 | 청할 청]

어떤 일이나 안건을 해결해 달라고 윗사람이나 기관에 요청함

(예) 반 전체가 약속한 규칙을 통과시키기로 반장이 선생님에게 제청했다.

★ 정치

제 자유 시간을 인정해 달라고 제청합니다!

이미 하루 종일 놀고 있잖아?

조례

條例 [가지 조 | 법식 례]

❶ 조목조목 적어 놓은 규칙
❷ 지역의 일을 처리하기 위해 지방 자치 단체가 만든 법

(예) 새로운 신고 조례가 만들어져 서류를 준비하지 않아도 된다.

개념 쑥쑥 법의 체계: 헌법 > 법률 > 명령 > 조례·규칙

- **헌법** : 법률, 명령 등의 기준이 되는, 국가 최고의 법
- **법률** : 국회에서 만든 일반 법
- **명령** : 정부의 필요로 대통령, 총리, 장관 등이 만든 법령
- **조례** : 지방 의회에서 만든 지방 자치법
- **규칙** : 지방 자치 단체의 대표가 만든 법

조정

調停 [고를  조 | 머무를 정]
비) 중재

다툼이 난 사이에 끼어들어 화해시키거나
서로 타협할 수 있도록 의견을 모음

예) 두 단체가 서로 자기주장만 하자 정부가 조정하기로 했다.

★ 정치

🔍 어휘 돋보기

- 조정(調整, 고를 조 | 가지런힐 정) : 어떤 기준에 맞게 손절하여 정논함

존엄

尊嚴 [높을 존 | 엄할 엄]

함부로 할 수 없을 정도로 높고 위엄 있음

예) 죄수들을 함부로 대하면 인간으로서의 존엄을 침해하는 것이다.

준수

遵守 [좇을 준 | 지킬 수]

명령, 규칙 등을 그대로 따르고 지킴

예) 운전하는 사람은 법에 정해진 속도를 준수해야 합니다.

★ 정치

준수야, 자전거 타다 왜 갑자기 내려?

내 이름대로 나는 규칙을 꼭 준수하지. 이 산책로에서는 자전거를 타면 안 돼.

산책로 내 자전거 통행금지

🔍 어휘 돋보기

● 준법 (遵法, 좇을 준 | 법 법) : 법률이나 규칙을 지킴

지역감정

地域感情 [땅 지 | 지경 역 | 느낄 감 | 뜻 정]

특정한 지역에서 태어나 자라거나 살고 있는 사람들에게 가지는 좋지 않은 생각이나 편견

예) 신문 기사가 오히려 지역감정을 부추겨 두 지역 사람들의 갈등이 커졌다.

거기로 여행 간다고? 그곳 사람들 불친절하다던대?

설마 모든 사람이 다 그러겠어? 지역감정이 너무 심한걸?

어휘 돋보기

- 지역(地域) : 나누어진 일정한 땅

타협

妥協 [온당할 타 | 화합할 협]
비 절충

서로 좋은 쪽으로 양보하거나 힘을 합쳐 의논함

예 다투기 전에 서로 조금씩 배려하며 타협해야 한다.

정치

오늘까지만 놀고, 내일부터 열심히 숙제해야지.

놀고 싶은 너와 숙제를 해야 하는 너는 타협을 참 잘해.

🔍 **어휘 돋보기**

● 절충(折衷, 꺾을 절 | 속마음 충) : 서로 다른 의견을 조금씩 양보하여 조절함

퇴치

退治 [물러날 퇴 | 다스릴 치]
비 격퇴, 타파

물리쳐서 아예 없앰

예 백신이 개발되어 전염병 퇴치가 이루어졌다.

헌법

憲法 [법 헌 | 법 법]

한 나라의 가장 기본이 되는 법이자 최고의 법

예) 우리나라 헌법에 따르면 국민은 누구나 인간으로 대접받을 권리가 있다.

★ 정치

개념 쑥쑥

- **헌법 소원** : 국가의 권력으로 자신의 권리를 침해받은 국민이 헌법 재판소에 이의를 제기하는 일
- **헌법 재판소** : 국가 권력이 국민의 권리를 침해하는지 아닌지를 판단하는 특별 재판소

혁명

革命 [가죽 혁 | 목숨 명]

❶ 원래의 사회 상태를 바꾸기 위해 법에 따르지 않고 권력을 차지함
❷ 원래 있던 것을 단번에 깨뜨리고 새로운 것을 세움

예) 왕과 귀족들에 대항해 시민들이 혁명을 일으켰다.

• **쿠데타** : 국민의 의견과 상관없이 무력으로 권력을 빼앗는 일

혐의

嫌疑 [싫어할 혐 | 의심할 의]
반 무혐의

어떤 행동이나 범죄를 저질렀을 거라고 의심함

예) 그 사람은 귀중한 물건을 훔친 혐의로 조사를 받고 있습니다.

★ 정치

킁킁, 너 표정이 무척 편안해 보여. 방귀 네가 뀐 거지?

얼굴이 편안하다고 나한테 혐의가 있다는 거야? 말도 안 돼.

가계

家計 [집 가 | 셀 계]

한집안 살림에서 돈이 들어오고 나가는 상태

예 가계에 도움이 되도록 열심히 저축하고 있다.

가게가 아니라 가계! 물건 파는 상점은 가게, 우리 가족의 돈이 도는 형편은 가계야.

우리 가게가 어렵다고요? 우리가 언제 물건을 팔았어요?

거래

去來 [갈 거 | 올 래]

물건이나 서비스를 서로 주고받거나 사고파는 일

예) 사람들이 많이 모이는 시장일수록 거래가 활발하다.

빵 한 개랑 딱지 30개랑 바꾸자고? 이게 무슨 거래야.

일단 한번 먹어 봐!

★ 경제

어휘 돋보기

- 교환(交換, 사귈 교 | 바꿀 환) : 서로 바꿈
- 매매(賣買, 팔 매 | 살 매) : 물건을 팔거나 사는 일

경공업

輕工業 [가벼울 경 | 장인 공 | 업 업]
반 중공업

식료품, 종이 같은 비교적 가벼운 물건을 만드는 산업

예 그 나라는 식품이나 인형을 만드는 경공업이 발달했다.

개념 쑥쑥

- **중공업**(重工業, 무거울 중 | 장인 공 | 업 업) : 부피에 비해 무거운 물건을 만드는 산업
- **공업**(工業) : 유용한 물건을 만드는 산업

공급

供給 [이바지할 공 | 줄 급]
(비) 제공, 보급 (반) 수요

물건이나 서비스 등을 어떤 곳에 내줌

(예) 도시 근처 비닐하우스에서 재배한 채소를 시장에 공급하고 있다.

★ 경제

접시가 비었어요. 계속 공급해 주세요.

너무 빨리 먹어 치워서 공급하기 너무 힘들어.

🔍 어휘 돋보기

● 수요(需要, 쓰일 수 | 중요할 요) : 일정한 돈을 내고 어떤 물건이나 서비스를 사고자 하는 욕구

노동력

勞動力 [수고로울 노 | 움직일 동 | 힘 력]

물건이나 서비스를 만드는 데 들어가는 사람의 모든 힘

예) 노동력이 많이 필요해 일꾼들을 더 쓰기로 했다.

어휘 돋보기

- **노동**(勞動) : ①몸을 움직여 일함
  ②사람이 살아가는 데 필요한 물건을 얻기 위해 들이는 노력

대가

代價 [대신할 대 | 값 가]

어떤 일에 노력을 들이고 받는 값

예) 늘 **대가**를 바라고 행동하는 것은 좋지 않다.

매출

賣出 [팔 매 | 날 출]
(비) 판매, 매각 (반) 매입

물건을 내다 파는 일

(예) 손님이 많이 와서 가게 매출이 늘었다.

물류

物流 [물건 물 | 흐를 류]

❶ 물건이 이동하는 움직임
❷ 물품을 보관하거나 포장하고 실어 옮기는 일

예 **물류** 회사에는 짐을 싣는 트럭이 아주 많다.

★ 경제

우리 아빠는 물건을 받아서 다른 곳으로 배달하는 **물류** 회사에 다니셔.

택배 회사에서 일하시는구나!

 어휘 돋보기

● **물류 창고** (物流倉庫, 물건 물 | 흐를 류 | 곳집 창 | 곳집 고) : 만든 물건을 팔기 전까지 보관하는 창고

부동산

不動産 [아닐 부 | 움직일 동 | 낳을 산]

땅이나 건물처럼 옮길 수 없는 재산

예) 최근 집값이 급격히 올라 **부동산** 부자들이 늘었습니다.

저는 움직이는 재산이니까 동산, 이 집은 안 움직이는 재산이니까 **부동산**, 맞죠?

우리 딸은 재산이 아니라, 우리 집 최고 보물이지!

어휘 돋보기

● **동산** (動産) : 금이나 돈처럼 옮길 수 있는 재산

비용

費用 [쓸 비 | 쓸 용]

물건을 사거나 어떤 일을 하고자 할 때 드는 돈

예) 여행하는 데 드는 모든 비용을 엄마가 내주셨다.

한 번 보는데 만 원이라고? 너무 비싼데?

한정판이잖아! 원래 귀할수록 비용이 많이 드는 법.

★ 경제

산업

產業 [낳을 산 | 업 업]

사람이 살아가는 데 필요한 물건이나 서비스를 만드는 일

예) 우리나라는 IT 산업 분야의 최강자이다.

책을 빌려줬더니 여기저기 만화를 잔뜩 그려 놨어!

미안. 장차 웹툰 작가가 되어 문화 산업을 발전시키고 싶다는 의욕이 넘쳐서….

개념 쏙쏙

- **문화 산업** : 영화, 연극, 미술 등 삶을 풍요롭게 하는 산업
- **첨단 산업** : 컴퓨터, 항공, 자동차 등 높은 기술력이 필요한 산업
- **기간산업** : 철강, 석탄, 가스 석유 등 다른 산업에 필요한 재료를 만드는 산업

상표

商標 [장사 상 | 표 표]
(비) 브랜드, 트레이드마크

자신의 상품을 알리거나 다른 물건과 구별하기 위해 붙이는 표시나 특징

(예) 유명 상표를 그대로 베껴서 사용하는 것은 범죄다.

이 물은 맛이 참 좋네? 상표가 없는데 어느 회사에서 만든 거야?

응, 그거 내가 그냥 시냇물 떠온 거라 상표가 없어.

경제

어휘 돋보기

- 상품(商品, 장사 상 | 물건 품) : 사고파는 물품

생계

生計 [날 생 | 꾀할 계]

살아가는 방법이나 형편

예 할아버지는 가족의 생계를 위해 힘든 일을 마다하지 않았다.

생산

生産 [날 생 | 낳을 산]
반 소비

사람들이 살아가는 데 필요한 물건을 만들어 냄

예 이 배추는 강원도 산골에서 생산되었다.

경제

엄마, 애기가 응가했어요. 애기가 생산을 잘하네?

생산은 필요한 물건을 만들 때 쓰는 말인데, 애기 응가는 좀….

어휘 돋보기

- **소비**(消費, 사라질 소 | 쓸 비): 원하는 것을 얻기 위해 시간이나 돈을 씀
- **생산지**(生産地, 날 생 | 낳을 산 | 땅 지): 물건이 만들어지거나 저절로 생겨난 곳

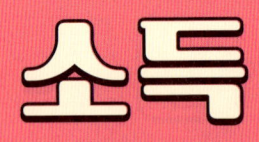

所得 [바 소 | 얻을 득]
비 수입(收入), 이득

어떤 일을 해서 얻은 이익

예 풍년으로 농촌 사람들의 소득이 늘었다.

수출

輸出 [보낼 수 | 날 출]
반 수입(輸入)

자기 나라의 물건을 다른 나라에 팔아 내보냄

예 **수출**이 수입보다 많아 이득이 늘었다.

★ 경제

자동차를 실은 배는 **수출**용, 바나나를 실은 배는 수입용이야.

비싼 것은 팔고, 싼 것은 사오다니 엄청 이득이네요?

어휘 돋보기

- **수입**(輸入, 보낼 수 | 들 입) : 다른 나라의 상품이나 기술을 사들임

일하고 싶은 사람이 일자리를 잃거나 얻지 못함

예) 경제가 나빠지면서 실업자들이 늘어나고 있다.

어휘 돋보기

- **취업** (就業, 나아갈 취 | 업 업) : 일자리를 얻어 직장에 나감
- **실업자** (失業者, 잃을 실 | 업 업 | 사람 자) : 일하고 싶은데 일자리가 없거나 일자리를 잃은 사람

豫算 [미리 예 | 계산 산]

필요한 돈의 액수를 미리 계산한 비용

예 철저한 조사와 계산으로 여행에 필요한 예산을 줄였다.

개념 쏙쏙

- **예산 심의** : 정부가 내놓은 예산 계획을 확정하기 위해 국회에서 심사하는 일
- **예산 집행** : 국가와 지방 자치 단체가 거두어들인 세금을 필요한 곳에 쓰는 일

외환

外換 [바깥 외 | 바꿀 환]

나라와 나라 사이에서 물건을 사고팔거나 빌려주고 받을 때 오가는 돈

예) 외국 돈을 사고파는 외환 시장에서 달러의 가치가 올랐다.

미국 여행을 다녀오고 남은 돈을 어떻게 쓸지 외환을 공부해 봐야겠어요.

겨우 1달러 남았는데 그걸로 뭘 하려고?

욕구

欲求 [하고자 할 욕 | 구할 구]

무엇을 얻고 싶거나 무슨 일을 하고 싶어 하는 바람

(예) 먹고사는 것은 사람의 기본적인 욕구다.

★ 경제

와, 이거 진짜 귀엽다!

구매 욕구가 막 생겨나는데?

어휘 돋보기

- **욕심**(欲心, 하고자 할 욕 | 마음 심) : 분수에 넘치게 탐내거나 원하는 마음
- **의욕**(意欲, 뜻 의 | 하고자 할 욕) : 무엇을 하고 싶은 마음이나 욕망

원산지

原産地 [근원 원 | 낳을 산 | 땅 지]

❶ 물건이 처음 나온 곳
❷ 동물이나 식물이 맨 처음 생겨난 곳

예 원산지를 알 수 없는 재료로 만든 음식은 조심해야 한다.

이윤

利潤 [이로울 이 | 윤택할 윤]
비 이득, 이문

물건이나 서비스를 생산하거나 팔아서 얻게 되는 순수한 이익

예 남의 물건을 팔아 이윤을 남긴 일당이 붙잡혔다.

인력 시장

人力市場 [사람 인 | 힘 력 | 시장 시 | 마당 장]

사람의 노동력을 사고파는 시장

예) 새벽에 열린 인력 시장에서 일꾼들을 구할 수 있다.

🔍 어휘 돋보기

● 시장(市場) : 상품을 사고파는 곳

자본

資本 [재물 자 | 근본 본]

❶ 가게를 차리거나 사업을 계속하는 데 드는 돈
❷ 물건을 만드는 데 필요한 돈과 노동력

예 장사를 시작할 때 자본이 부족해 큰 가게를 열 수 없었다.

경제

이 저금통의 돈을 자본으로 장난감을 많이 사서 가게를 열어 볼까 해요.

장난감들 전부 네가 가지려는 거 아니야?

적정 가격

適正價格 [맞을 적 | 바를 정 | 값 가 | 격식 격]

물건을 만드는 데 드는 돈을 계산하여 정한 적절한 값

예) 이 상품은 잘 팔리지 않아 적정 가격에서 많이 할인되었다.

주식

株式 [그루 주 | 법 식]

여러 사람이 내놓은 자금으로 만들어진 회사에 대해 각자 돈을 낸 만큼 가지게 되는 몫이나 권리

예 회사 상황이 나빠지자 주식 가격이 점점 떨어지기 시작했다.

어휘 돋보기

- **자금**(資금, 재물 자 | 쇠 금) : 기업이나 사업을 관리하고 운영하는 데 쓰는 돈

중화학 공업

重化學工業 [무거울 중 | 될 화 | 배울 학 | 장인 공 | 업 업]

기계, 자동차, 제철 등 무거운 물건을 만드는 중공업과 석유 화학, 화학 섬유 등을 만드는 화학 공업을 아우르는 말

(예) 여러 과학 기술이 발달하면서 중화학 공업 분야가 커졌다.

개념 쑥쑥 — 중화학 공업의 종류

- **조선**(造船, 지을 조 | 배 선) : 배를 만드는 일
- **정유**(精油, 찧을 정 | 기름 유) : 땅속에서 난 기름을 걸러 석유로 만드는 일
- **항공**(航空, 배 항 | 빌 공) **산업** : 비행기를 만들거나 항공기로 사람이나 물건을 실어 보내는 산업

품질

品質 [물건 품 | 바탕 질]

물건의 성질

예 제품의 품질에 따라 가격이 다르다.

경제

한정

限定 [한할 한 | 정할 정]
(비) 제한

일정한 정도를 넘지 못하게 범위나 수량을 정함

(예) 엘리베이터에는 한정된 인원만 탈 수 있다.

왜 이렇게 많은 사람들이 줄 서 있어요?

유명한 빵집이거든. 한정 판매하는 케이크를 사려고 기다리는 거야.

희소성

稀少性 [드물 희 | 적을 소 | 성품 성]

사람들이 원하는 정도를 충족하지 못할 만큼 양이 부족한 상태

예) 한정판으로 제작된 상품은 희소성 때문에 구하기 힘들다.

🔍 어휘 돋보기

○ **희귀성** (稀貴性, 드물 희 | 귀할 귀 | 성품 성) : 세상에 있는 것 중 드물고 귀한 성질

강화

講和 [화해할 강 | 화목할 화]

싸우던 두 편이 싸움을 멈추고 평화를 되찾음

예 전쟁으로 큰 피해가 생기자 두 나라는 강화 조약을 맺었다.

그만, 그만! 더 싸우지 말고 강화하자. 이번 판은 동점인 거야.

내가 거의 다 이겼는데, 그럴 순 없지!

어휘 돋보기

- **휴전**(休戰, 쉴 휴 | 싸움 전) : 전쟁을 잠시 멈춤
- **종전**(終戰, 마칠 종 | 싸움 전) : 전쟁을 끝냄
- **강화**(强化, 강할 강 | 될 화) : 더 세게 함

개항

開港 [열 **개** | 항구 **항**]
반 쇄국

항구를 열어 외국 배가 들어오도록 허락함

예) 미국 배가 조선으로 침입해 개항을 요구했다.

🔍 어휘 돋보기

○ **쇄국**(鎖國, 사사슬 **쇄** | 나라 **국**) : 나라의 문을 닫고 외국과 무역을 금지함

개화

開化 [열 개 | 될 화]

새로운 문화와 제도를 받아들여
과거의 생각, 문화, 제도 등을 발전시키는 일

예) 서양의 문물을 받아들이자는 개화 운동이 펼쳐졌다.

계몽 운동

啓蒙運動 [열 계 | 어두울 몽 | 옮길 운 | 움직일 동]

지식수준이 낮은 사람들을 일깨우자는 사회적 운동

예 조선의 지식인들은 빼앗긴 나라를 되찾기 위해 애국 계몽 운동을 벌였다.

고분

古墳 [옛 고 | 무덤 분]

옛날 시대에 만들어진 오래된 무덤

(예) 고분에 그려진 벽화가 당시 사람들의 생활 모습을 보여 준다.

개념 쏙쏙

- 분(墳, 무덤 분): 봉우리가 남아 있는 옛날 시대의 무덤 (예)안악 1호분
- 릉(陵, 언덕 릉): 주인이 분명히 있는 무덤 중 왕이나 왕비의 무덤 (예)무열왕릉
- 묘(墓, 무덤 묘): 주인이 분명히 있는 무덤 중 왕과 왕비의 것을 제외한 무덤 (예)김유신묘
- 총(塚, 무덤 총): 주인이 밝혀지지 않은 무덤 (예)천마총

관료

官僚 [벼슬 관 | 동료 료]
(비) 관리

나라를 다스리는 일에 영향력을 미치는 높은 위치의 사람

(예) 관료들이 자기 욕심만 채우려고 백성들을 괴롭혔다.

★ 역사

어휘 돋보기

○ **관리** ('官吏', 벼슬 관 | 벼슬아치 리) : 관청에서 나랏일을 맡아보는 사람

국권

國權 [나라 국 | 권세 권]

다른 나라의 간섭을 받지 않고
국민과 국토를 다스릴 수 있는 권리

예) 독립운동가들은 국권을 되찾기 위해 목숨을 바쳐 싸웠다.

🔍 어휘 돋보기

● 주권(主權, 주인 주 | 권세 권) : 나라의 일을 최종적으로 결정할 수 있는 권력

국서

國書 [나라 국 | 글 서]

한 나라의 왕이나 대통령이 나라의 이름으로 다른 나라에 보내는 문서나 편지

예 임금이 사신에게 **국서**를 전하라고 명령했다.

이것은 일본에 보내는 **국서**라네. 잘 전하도록 하게.

★ 역사

권문세족

權門勢族 [권세 권 | 문 문 | 기세 세 | 겨레 족]
비 권문세가, 권문

대대로 벼슬이 높고 권세가 있는 집안

예 고려 말기 **권문세족**의 등쌀에 일반 백성들은 고향을 떠나기도 했다.

🔍 어휘 돋보기

- **벼슬** : 관청에 나가서 나랏일을 맡아 다스리는 자리
- **권세**(權勢, 권세 권 | 기세 세) : 권력과 세력을 아우르는 말

대장경

大藏經 [큰 대 | 감출 장 | 경서 경]

석가모니의 가르침, 불교의 법과 해석을 모아 놓은 책

예) 고려는 석가모니의 힘으로 외적을 물리치기 위해 대장경을 만들었다.

이 대장경에 '생명 있는 것을 죽이지 말라'는 석가모니의 말씀이 있어.

지금 내 치킨 뺏어 먹으려고 수 쓰는 거지?

★ 역사

싸움에서 크게 이김

예 고구려는 수나라 군사들을 물리치며 살수 대첩에서 대승리를 거두었다.

이순신 장군께서는 명량 대첩에서 일본 수군을 쳐부수고 대승을 거두셨지!

동맹

同盟 [한가지 동 | 맹세할 맹]
비 연맹

둘 이상의 개인, 단체, 나라가 각자의 이익을 위해 같은 행동을 하기로 약속함

예) 두 나라는 동맹을 맺고 이웃 나라를 공격하기 시작했다.

★ 역사

🔍 **어휘 돋보기**

- **연맹**(聯盟, 연이을 연 | 맹세할 맹) : 같은 목적을 가지고 함께 행동하기 위해 만든 단체
- **연합**(聯合, 연이을 연 | 합할 합) : 서로 힘을 합쳐 하나의 단체를 만듦

등재

登載 [오를 등 | 실을 재]

어떤 사항을 장부에 적어 올림

예) 《직지심체요절》은 유네스코 세계 기록 문화 유산에 등재되어 있다.

🔍 **어휘 돋보기**

- **게재**(揭載, 들 게 | 실을 재) : 글이나 그림을 신문, 잡지 등에 실음
- **기재**(記載, 기록할 기 | 실을 재) : 문서 등에 기록해 올림
- **게시**(揭示, 들 게 | 보일 시) : 여러 사람이 볼 수 있도록 내붙임

만행

蠻行 [오랑캐 만 | 다닐 행]

교양 없이 무례하고 사나운 행동

예) 귀족들이 일반 백성들의 논밭을 빼앗는 만행을 저질렀다.

세상에! 이런 만행을 저지르다니.

네 과자 좀 먹었다고 만행이라니, 너무한 거 아니야?

어휘 돋보기

- **악행**(惡行, 악할 악 | 다닐 행) : 나쁜 행동
- **자행**(恣行, 방자할 자 | 다닐 행) : 제멋대로 저지름
- **횡포**(橫暴, 가로 횡 | 사나울 포) : 자기 세력을 믿고 제멋대로 난폭하게 굶

★ 역사

명분

名分 [이름 명 | 나눌 분]
(비) 대의명분, 구실

어떤 일을 하기 위해 내세우는 이유

(예) **명분**이 없는 싸움은 잘못된 것이다.

놀러 나가고 싶은데 엄마께 말씀드릴 **명분**이 없네.

친구들과 놀면서 사회성을 기른다고 해.

무인

武人 [굳셀 무 | 사람 인]
비 무신, 무관   반 문인, 문신, 문관

❶ 군사와 관련된 관직을 맡은 사람
❷ 무술을 갈고닦은 사람

예 반란을 일으킨 무인들이 문신들을 내쫓고 권력을 잡았다.

나는 위대한 무인 이순신 장군이 제일 존경스러워.

어제는 문인 율곡 이이가 존경스럽다며!

★ 역사

번영

繁榮 [번성할 **번** | 영화 **영**]

비 번성, 번창

세력을 키워 무성해지고 영화롭게 발전함

예 그 나라는 수백 년 동안 번영을 누렸다.

여긴 10년 전만 해도 아무것도 없는 땅이었는데, 큰 도시가 세워졌구나.

큰 공장이 옮겨 온 뒤로 번영을 누리게 되었대요.

🔍 어휘 돋보기

○ **영화**(榮華, 영화 **영**|빛날 **화**) : 몸이 귀해져 이름이 세상에 빛남

병합

併合 [아우를 병 | 합할 합]
(비) 합병, 통합

둘 이상의 조직이나 물질을 하나로 합침

(예) 두 회사가 **병합**해 큰 회사로 발전했다.

★ 역사

어휘 돋보기

○ **병탄**(併呑, 아우를 병 | 삼킬 탄) : 강제로 빼앗아 합침

봉수

烽燧 [봉화 봉 | 부싯돌 수]
비 봉화

난리나 전쟁을 알리는 신호로 피워 올린 불

예 **봉수**는 밤에는 횃불로, 낮에는 연기를 올려 나라의 위급한 상황을 알렸다.

붕당

朋黨 [벗 붕 | 무리 당]
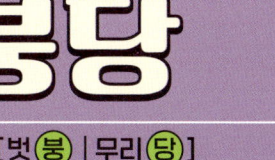
비 당파, 파벌

학문이나 정치에 관한 생각이 같은 사람들이 모인 집단

예 **붕당**이 서로 자신의 이익만 좇느라 조정에서 매일 다툼이 벌어졌다.

사대

事大 [일 **사** | 큰 **대**]

작고 약한 나라가 크고 강한 나라를 섬김

예) 조선은 평화를 위해 중국 명나라에 **사대** 정책을 폈다.

전하! 더 이상 청나라에 쩔쩔매서는 안 됩니다. **사대**를 반대합니다.

맞습니다! 우리나라가 작아도 힘은 더 세다는 걸 보여 줘야 하옵니다.

개념 쑥쑥

- **사대주의** : 크고 강한 나라를 받들고 의지하며 살아남으려는 태도

서얼

庶孼 [여러 **서** | 서자 **얼**]
반 적자(嫡子)

본래 부인이 아닌 여자나 첩에게서 낳은 아들

예 조선 시대 서얼들은 능력이 있어도 과거 시험을 볼 수 없어 관리가 되지 못했다.

조선 시대에 첩의 자식인 서얼들은 과거 시험을 볼 수 없었대.

신분 때문에 꿈을 펼치지 못하다니! 안타까운걸.

역사

세도 정치

勢道政治 [기세 세 | 길 도 | 정사 정 | 다스릴 치]

왕실과 결혼한 사람의 가족이나 친척끼리 나라의 권력을 독차지하는 정치

예) 김씨 가문의 세도 정치 때문에 나라가 기울고 있다.

어휘 돋보기

- **세도**(勢道) : 세력을 휘두름
- **정치**(政治) : 나라를 다스리는 일

수령

守令 [지킬 수 | 명령 령]

옛날 시대에 각 고을을 맡아 다스리던 우두머리 관리

(예) 고을 **수령**의 제일 중요한 임무는 농사가 잘되게 하는 것이었다.

★ 역사

수탈

收奪 [거둘 수 | 빼앗을 탈]
비 강탈

다른 사람의 돈이나 물건을 강제로 빼앗음

예) 세도 정치로 고을 곳곳에 수탈이 일어나 백성들이 반란을 일으켰다.

시위

示威 [보일 시 | 위엄 위]
비 농성, 데모

여러 사람이 한곳에 모여 자신들의 주장을 펼침

예) 잘못을 저지른 정부에 항의하는 시위가 나라 곳곳에서 벌어졌다.

💡 **개념 쏙쏙**

- **시위대** (示威隊, 보일 시 | 위엄 위 | 무리 대) : 시위하는 행렬
- **촛불 시위** : 시민들이 주로 실외에서 모여 촛불을 켜 들고 하는 시위

시해

弑害 [죽일 시 | 해할 해]

부모나 임금, 대통령 등 높은 사람을 살해함

예) 국왕 시해 사건으로 나라가 발칵 뒤집혔다.

저 외국인 아저씨는 왜 우는 거예요?

자기네 대통령이 갑작스럽게 시해되었다는구나.

식민지

植民地 [심을 식 | 백성 민 | 땅 지]

다른 나라의 지배와 간섭을 받아 독립된 나라로서의 주권을 잃어버린 나라

예) 유럽의 여러 나라는 세계 곳곳을 자신들의 식민지로 삼았다.

흑흑, 우리 땅에서 나는 곡식을 일본이 다 빼 가는구나!

주권이 없는 식민지 백성이라 참으로 슬프도다.

★ 역사

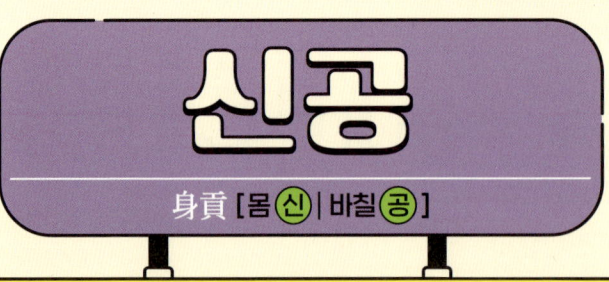

신공

身貢 [몸 신 | 바칠 공]

조선 시대에 노비가 직접 몸으로 일하는 대신에 주인에게 바치는 돈이나 물건

예) 조선 시대 양반은 멀리 사는 노비의 신공을 걷으러 여행을 다니기도 했다.

- 신공(神功, 귀신 신 | 공 공) : 신기하고 영험한 능력

약탈

掠奪 [노략질할 **약** | 빼앗을 **탈**]
비 수탈

폭력을 써서 억지로 빼앗음

예 해적들이 지나가는 배를 약탈했다.

🔍 어휘 돋보기

- **침탈**(侵奪, 침노할 **침** | 빼앗을 **탈**) : 침입하여 빼앗음

兩班 [두 양 | 나눌 반]

❶ 고려와 조선 시대에 지배 계급에 속하는 신분
❷ 행정 일을 보는 문관과 군사 일을 보는 무관을 통틀어 부르는 말

예) 노비는 자기보다 나이가 어린 양반에게 높임말을 써야 했다.

개념 쑥쑥

- 양인(良人, 어질 양 | 사람 인) : 노비 등 천민을 제외한 양반, 농민, 상민 등의 보통 사람
- 양천제(良賤制, 어질 양 | 천할 천 | 제도 제) : 백성을 양인과 천민으로 구분하는 신분 제도

연표

年表 [해 연 | 표 표]

(비) 연대표

역사적 사건과 사실들을 일어난 연도 순서대로 적은 표

(예) 우리나라에서 벌어진 중요한 사건을 연표로 정리했다.

왕조

王朝 [임금 왕 | 왕조 조]

한집안에서 연속해서 이어진 왕들 또는 그 왕들이 다스린 시기

예 《조선왕조실록》은 조선의 이씨 왕이 다스리던 시기를 기록한 책이다.

어휘 돋보기

- 왕실(王室, 임금 왕|집 실), 왕가(王家, 임금 왕|집 가) : 왕의 집안
- 왕족(王族, 임금 왕|겨레 족) : 왕실의 친족

외척

外戚 [바깥 외 | 친척 척]

어머니 쪽의 친척

예) 나이 어린 왕을 제치고 왕의 **외척**들이 권력을 잡았다.

외할머니, 이모, 외삼촌, 외숙모! **외척**들이 모두 모이셨네요.

유교

儒教 [선비 유 | 가르칠 교]
비 유학(儒學)

공자의 가르침을 따라 나라에 충성하고 부모에게 효도하는 것을 중요시하는 학문

예 조선은 유교를 숭상해 충과 효를 강조하는 나라였다.

유목민족

遊牧民族 [놀 유 | 칠 목 | 백성 민 | 겨레 족]

가축에게 먹일 풀과 물을 찾아 떠돌아다니는 민족

예) 예부터 몽골 초원에 많은 유목 민족이 살고 있다.

어휘 돋보기

- **유목**(遊牧) : 떠돌며 가축을 키움
- **민족**(民族) : 한 지역에 함께 살면서 같은 풍습을 가지게 된 사람들
- **농경 민속**(農耕民族, 농사 농 | 밭갈 경 | 백성 민 | 겨레 족) : 농사를 지으며 한곳에 머물러 사는 민족

유민

流民 [흐를 유 | 백성 민]
비 유랑민   반 정착민

한곳에 머무르지 않고 여기저기 떠도는 사람

예 패망한 나라의 유민들이 새로운 나라를 세우기 위해 다시 모였다.

🔍 어휘 돋보기

● **정착민**(定着民, 정할 정 | 붙을 착 | 백성 민) : 떠돌아다니지 않고 일정한 곳에 머물러 사는 사람

의거

義擧 [옳을 의 | 들 거]

올바른 뜻을 이루기 위해 개인이나 집단이 들고일어남

(예) 안중근 의사의 의거는 전 세계 사람들에게 큰 감명을 주었다.

🔍 어휘 돋보기

- 의사(義士, 옳을 의 선비 시) : 국가니 민족을 위해 제 몸을 바쳐 일하려는 뜻을 가진 의로운 사람

장악

掌握 [손바닥 장 | 쥘 악]

권력이나 흐름을 손안에 휘어잡음

예 권력을 장악한 군인들이 나라를 휘저었다.

정변

政變 [정사 정 | 변할 변]

법에 맞지 않는 방법으로 일으킨 정치적인 큰 변화

예) 정변이 일어나 새로운 정치가가 권력을 잡았다.

뉴스를 보니 자기 나라에 정변이 일어나서 돌아가지 못하고, 공항에서 먹고 자는 사람이 있대.

여행을 떠나기 위해 공항에 가는 게 아니라면 싫을 것 같아요!

★ 역사

조항

條項 [가지 조 | 항목 항]

조약을 맺거나 협의를 할 때 정하는 여러 항목

(예) 장애인 차별 금지법에는 장애인의 인권을 보호하기 위한 여러 조항이 담겨 있다.

주모자

主謀者 [주인 주 | 꾀할 모 | 사람 자]

앞장서 주장하며 일이나 음모를 꾸미는 사람

(예) 주모자는 따로 있는데 억울한 사람이 벌을 받았다.

이번 일의 주모자는 너야. 네가 먼저 하자고 했으니까.

날 여기로 불러낸 건 너잖아?

★ 역사

중립

中立 [가운데 중 | 설 립]

한쪽에 치우치지 않고 중간 입장에 섬

(예) 광해군은 **중립** 외교를 펴서 명나라와 청나라의 불만을 잠재우려 했다.

 어휘 돋보기

● **편파**(偏頗, 치우칠 **편** | 자못 **파**) : 한쪽으로 치우쳐 공평하지 못함

즉위

卽位 [곧 즉 | 자리 위]

새로운 임금이 왕의 자리에 오름

예) 다른 왕자들을 물리치고 셋째 왕자가 새 왕으로 즉위했다.

1724년에 즉위한 영조는 세상을 떠날 때까지 52년간 왕의 자리를 지켰대.

조선 시대 왕 중에서 가장 오랫동안 재위한 왕이네요!

역사

🔍 어휘 돋보기

○ 재위 (在位, 있을 재 | 자리 위) : 임금의 자리에 있음

참전

參戰 [참여할 참 | 싸움 전]

전쟁에 참가함

예 한국 전쟁에 **참전**했던 미국 사람이 우리나라를 방문했다.

나라를 위해 싸우다 죽은 **참전** 용사의 묘지야.

체결

締結 [맺을 체 | 맺을 결]

계약이나 조약을 공식적으로 맺음

예) 두 나라는 전쟁을 멈추고 평화 협정을 체결했다.

땅속에 파묻혀 있던 것이 밖으로 저절로 드러나거나 파냄

예) 새로운 건물을 짓기 위해 땅을 파다가 문화재가 출토되었다.

🔍 어휘 돋보기

- **발굴**(發掘, 필 **발** | 팔 **굴**) : ① 땅속에 있는 것을 찾아서 밖으로 꺼냄
  ② 세상에 알려지지 않거나 뛰어난 것을 찾아냄

칙령

勅令 [조서 칙 | 명령 령]
비 칙명, 왕명, 어명

임금이 내리는 명령

예 대한 제국 칙령 제41호를 보면 울릉도와 독도가 우리 땅이라는 것을 알 수 있다.

탄압

彈壓 [탄알 탄 | 누를 압]

개인이나 집단을 권력으로 억눌러 꼼짝 못 하게 함

예) 권력자의 **탄압**에 저항하려는 사람이 생겨났다.

🔍 **어휘 돋보기**

- **박해**(迫害, 닥칠 박 | 해할 해) : 못살게 굴며 해를 끼침
- **핍박**(逼迫, 닥칠 핍 | 닥칠 박) : 억누르며 괴롭힘

통상

通商 [통할  | 장사 상]
(비) 교역

나라들 사이에 물건을 사고파는 일

(예) 처음 보는 외국 배가 몰려와 **통상**을 요구했다.

편찬

編纂 [엮을 편 | 모을 찬]

자료들을 모아 정해진 체계에 따라 책을 펴냄

(예) 정조는 규장각을 세워 중요한 책들을 **편찬**하도록 지시했다.

역사를 기록한 책은 일어난 순서대로 **편찬**한 것들이 많아.

내 일기도 일어난 순서대로 써 있는데 책으로 편찬해 볼까?

함락

陷落 [빠질 함 | 떨어질 락]

적이 있는 곳을 공격하여 무너뜨림

예) 성을 **함락**시킨 후 성안에 있던 사람들을 포로로 붙잡았다.

해산

解散 [풀 해 | 흩을 산]
비 해체(解體)

❶ 모였던 사람들이 따로따로 흩어짐
❷ 조직이나 단체가 흩어져 없어짐

예 군대가 해산되자 군인들이 거리로 뛰쳐나왔다.

자, 이제 모둠을 해산하자. 각자 집으로!

호족

豪族 [호걸 호 | 겨레 족]

통일 신라 말기와 고려 초기에 지방에서 활동하던 우두머리 세력

예 **호족**들은 군사력과 경제력을 바탕으로 각 지방을 다스렸다.

찾아보기

ㄱ

가결 114
가계 168
가구 62
간선제 115
간척 12
간척지 12
갈등 116
감사 117
강설량 13
강수량 13
강우량 13
강화 200
개방 63
개항 201
개화 202
갯벌 14
거래 169
건기 15
게시 212
게재 212
견제 64
결정 87
경공업 170
경도 16
경선 16

계몽 운동 203
고분 204
곡창 지대 17
공공기관 118
공급 171
공기 25
공모 65
공소 119
공업 170
공청회 120
공포 66
관료 205
관리 205
교류 67
교통 18
교환 169
국권 206
국무 회의 121
국민 122
국민 투표 122
국서 207
국토 19
권력 123
권리 123
권문세족 208
권세 208
권한 123

귀농 68
귀순 132
귀촌 68
귀화 132
극지방 20
기관 118
기본권 124
기상 22
기아 69
기온 22
기재 212
기호 21
기후 22

ㄴ

난민 125
납세 126
내전 127
노동 172
노동력 172
농경 민족 235
농경지 23
농작물 23

ㄷ

다변화 70

다수결 원칙 128
단속 129
단체 96
답사 24
대가 173
대기 25
대륙 26
대장경 209
대정부 질문 130
대중 71
대중 매체 71
대첩 210
도덕 72
독립 81
독재 131
동맹 211
등고선 27
등온선 27
등재 212

만행 213
망명 132
매립장 28
매매 169
매체 71
매출 174

명분 214
명절 83
모집 65
무인 215
무장 138
문물 73
문화 73
문화유산 74
물류 175
민간단체 133
민족 235
밀집 75

박해 248
반도 29
발굴 246
발안 134
발의 134
방위 30
방향 30
배상 135
백지 수표 31
백지도 31
번영 216
벼슬 208
병탄 217

병합 217
보장 76
보통 선거 136
복지 77
본초 자오선 32
봉수 218
부결 114
부동산 176
분산 99
분쟁 137
분포 37, 78
붕당 219
비무장 지대 138
비용 177
빈곤 79

사대 220
사례 80
산맥 33
산업 178
삼권 분립 139
상표 179
상품 179
상호 의존 81
생계 180
생산 181

찾아보기

생산지 181
생활권 34
서얼 221
선출 140
선포 141
섬 29
세계화 82
세도 정치 222
세시 풍속 83
소득 182
소비 181
소송 142
소통 67
소환 143
쇄국 201
수령 223
수요 171
수입 183
수출 183
수탈 224
시위 225
시장 190
시해 226
식민지 227
신공 228
실업 184
심의 144

ㅇ

악행 213
안건 114
안내도 35
약도 35
약탈 229
양반 230
여가 생활 84
연맹 211
연표 231
연합 211
영공 36
영역 36
영유권 145
영주권 145
영토 19, 36
영해 36
예산 185
왕래 67
왕실 232
왕조 232
왕족 232
외척 233
외환 186
욕구 187
욕심 187

우기 15
원산지 188
원칙 128
위반 146
위선 16
위헌 146
유교 234
유네스코 85
유목 민족 235
유민 236
유발 147
유신 148
유포 86
의거 237
의사 237
의사 결정 87
의식주 88
의욕 187
이윤 189
이의 149
인구 37, 89
인구분포도 37
인권 150
인도 151
인력 시장 190
인명 90
인문 환경 38

인재 39

ㅈ

자금 193
자매결연 91
자본 191
자연 39
자연재해 39
자연환경 38
자오선 32
자치 152
자행 213
장려 92
장악 238
재고 153
재난 125
재위 243
재의 153
재해 39
저작권 93
저작물 93
저출산 94
적도 40
적정 가격 192
절충 161
정변 239
정보화 95

정착민 236
정치 222
제설 41
제재 154
제청 155
조례 156
조사 24
조약 110
조정 157
조직 96
조항 240
존엄 158
종사 97
종전 200
주권 206
주모자 241
주식 193
준법 159
준수 159
중공업 170
중립 242
중심지 42
중위도 43
중화학 공업 194
즉위 243
지대 138
지명 44

지방 45
지속 98
지역 160
지역감정 160
지표면 46
지형 47
지형도 47
직선제 115
집중 48, 99
집중 호우 48

ㅊ

차별 100
참전 244
처벌 101
처역 101
처형 101
천재 39
천체 25
체결 245
초고령 102
촌락 103
축소 49
축약 49
축척 49
출토 246
취업 184

칙령 247
침엽수 50
침탈 229
침해 104

캠페인 105

타협 161
탄압 248
탐사 24
터전 51
통상 249
퇴치 162
투표 122
특보 106

편견 107
편찬 250
편파 242
평야 52
폐쇄 63
품질 195

풍속 83
핍박 248

하류 53
하천 54
한류 108
한반도 55
한정 196
함락 251
항로 56
해산 252
해안선 57
해양 58
핵가족 109
헌법 156, 163
혁명 164
혐의 165
협약 110
호우 48
호족 253
화전 농업 59
확대 가족 109
확산 111
환경 38
활엽수 50
횡포 213

휴전 200
희귀성 197
희소성 197

한 컷 초등 사회 사전

1판 1쇄 발행일 2022년 12월 12일
1판 2쇄 발행일 2023년 7월 17일

지은이 손주현
그린이 나인완

발행인 김학원
발행처 휴먼어린이
출판등록 제313-2006-000161호(2006년 7월 31일)
주소 (03991) 서울시 마포구 동교로23길 76(연남동)
전화 02-335-4422 **팩스** 02-334-3427
저자·독자 서비스 humanist@humanistbooks.com
홈페이지 www.humanistbooks.com
유튜브 youtube.com/user/humanistma **포스트** post.naver.com/hmcv
페이스북 facebook.com/hmcv2001 **인스타그램** @human_kids

편집 박현혜 **디자인** 양X호랭 DESIGN
용지 화인페이퍼 **인쇄** 삼조인쇄 **제본** 해피문화사

글 ⓒ 손주현, 2022 그림 ⓒ 나인완, 2022

ISBN 978-89-6591-470-9 73330

- 이 책은 저작권법에 따라 보호받는 저작물이므로 무단 전재와 무단 복제를 금합니다.
- 이 책의 전부 또는 일부를 이용하려면 반드시 저작권자와 휴먼어린이 출판사의 동의를 받아야 합니다.
- **사용 연령 8세 이상** 종이에 베이거나 긁히지 않도록 조심하세요. 책 모서리가 날카로우니 던지거나 떨어뜨리지 마세요.